2012년 1월 1일 초판 1쇄 발행
공 저 ㅣ 유일호 · 안종범 · 박기백 · 손원익
펴낸이 ㅣ 김미희
펴낸곳 ㅣ 도서출판 열린아트
주소 ㅣ 서울 중구 필동3가 28-1 서울캐피탈빌딩 607호
　전화 02-2269-8167 / 팩스 02-2269-8168
출판등록 ㅣ 2001년 7월 12일 제2-3376호

ISBN 978-89-91758-14-8 03040

건강한 복지를 꿈꾼다

공저 유일호 · 안종범
박기백 · 손원익

THE WELFARE WE DREAM

도서출판 열린아트

필자가 정치에 입문한 지 4년이 되어간다. 경제학자 출신 정치인으로서 현실정치와 경제논리를 조화시키려고 무던히 애썼다고 생각한다. 그러한 노력이 결실을 맺은 것도 있고 그렇지 못한 것도 있다고 느껴진다.

이 책은 복지와 복지정책에 관한 것이다. 복지라는 영역도 정치적 · 경제적 함의가 충돌할 수 있고 실제로 충돌하는 부분이라고 생각된다. 자본주의 시장경제는 경쟁이 존재하는 곳이고 그 경쟁은 격심하다고 할 수 있다. 그리고 격심한 경쟁의 결과 사회 전체의 발전이 촉진되는 것이 사실이다. 그러나 이러한 경제 · 사회 발전에는 그늘이 존재하는데 그것은 바로 경쟁에서 탈락하거나 뒤처진 우리 이웃의 문제이다.

그들을 어떻게 할 것인가? 극단적인 시장의 논리에 의하면 기회의 균등만이 보장되면, 결과에 대한 책임은 자기 스스로 지는 것이 맞다고 할지 모른다. 물론 이렇게까지 극단적인 논리를 펴는 사람은 소수에 불과하지만, 결과에 대한 대체적인 책임은 본인에 있다. 그러나 한편 생존의 위협을 받을 정도에 이른 경우에 대한 보장 즉, 최저생계비의 보장이 이루어져야 한다는 데 대한 반대 역시 없다. 다시 말해 절대적 빈곤의 해소에 대한 사회적 합의는 쉽게 도달할 수 있다. 그러나 상대적 빈곤의 해소는 쉽게 사회적 합의에 도달되는 것이 아니다. 상대적 빈곤 자체 즉, 격차를 줄여야 한다는 데 대해서는 이의가 없겠지만, 문제는 얼마나 어떻게 그 격차를 줄여야 하는 것인가에 대한 합의가 쉽지 않다는 데에 있다. 더구나 이 문제는 이성보다는 감성적 접근이 앞서기 쉬운 것이기 때문에 더욱 그렇다. 사실 기회가 균등하다 할지라도 상대적 박탈감은 견디기 쉬운 것이 아니다. 더욱이 옳든 그르든 기회가 불균등했다고 생각한다면 그때 느끼는 감정은 커다란 불만으로 이어질 수밖에 없으며 그것은 사회적 불안을 야기할 수밖에 없다.

아마 이런 흐름이 마이클 샌델의 '정의란 무엇인가 *Justice*' 같은 저서가 베스트셀러의 반열에 들게 된 이유가 아닌가 싶다. 사실 별로 읽지 않을 것으로 생각되는 딱딱한 사회과학 서적을 많은 사람들이 찾는다는 것은 그만큼 현재가 불평등하다고 느끼는 사람이 많다는 반증일 것으로 짐작된다. 현재 한국 사회의 정치적 불안이라든가 전 세계적인 반 월가 시위 등도 이러한 흐름과 무관하지 않을 것이다. 물론 감성적 접근이 문제를 해결해 주지는 않는다. 오히려 문제의 해결을 어렵게 할 뿐이다. 이러한 문제에 대한 해결은 냉철한 이성을 전제로 한다.

이 책은 이런 문제에 대한 해답의 일단을 주고자하는 의도에서 쓰여졌다. 학계에 있을 때 빈곤문제와 복지정책에 나름대로 관심을 가지고 연구를 했던 경험이 있는 것이이 책을 쓰게 된 배경 중 하나다. 다만 이 책은 이 분야에 대한 전문연구서가 아니라 평소 필자가 느끼고 있던 바를 풀어낸 수준이라는 점을 먼저 말씀드리고자 한다.

이 책은 우선 시장에서의 정의, 평등 같은 개념에 대한 논의로부터 시작한다. 복지란 불평등 해소를 위한 가장 적극적인 국가정책이다. 따라서 그와 같은 기본 개념의 논의가 선행되어야 바람직한 복지정책의 단초가 제시된다. 사실 유럽 등 선진국에서 시작된 현재의 복지국가 역시 이러한 사상적 배경에서 나온 것이라 할 수 있다. 그런데 잘 알려진 바와 같이 복지국가의 이상과 현실 간에는 괴리도 존재한다. 선의의 정책이 결과도 좋기만 한 것은 아니다. 복지국가는 잘못하면 복지 의존의 만연을 초래할 수도 있다. 그리고 그보다 더 심각한 것은 복지의 확대가 정치적 의도에 악용되는 경우이다. 이른바 포퓰리즘의 한 측면인 무분별하고 지속 가능하지 않은 복지 확대가 그것인데 이러한 일은 한 국가의 정치와 경제를 후퇴시키는 주범이라는 것은 잘 알려진 사실이다. 한편 이러한 함정에 빠지지 않도록 현명한 선택을 한 국가들도 많다. 이 책에서는 이러한 사례들도 살펴보고자 한다.

다음으로는 우리나라의 분배 현황을 살펴보고 이를 개선하기 위한 복지정책의 과제들을 논의하고자 한다. 특히 복지의 확대는 재정지출을 수반하기 때문에 지속가능성에 대해 살펴보고자 한다. 아울러 우리나라에는 현재 복지제도가 복잡다기하게 많은바 그 중 일부의 현황과 정책 과제에 대해서도 간략히 살펴볼 것이다.

　　마지막으로 이 책의 2부에서는 안종범 교수, 박기백 교수, 손원익 박사 세 분의 전문가들이 국민연금, 재정 추계, 조세의 재분배 효과 등에 관한 정책제안을 싣고 있다. 이 세 분의 노고에 감사드린다. 다만 이 부분은 1부에 비해서는 좀 더 전문적이어서 독자들로서는 약간 딱딱하게 느낄 수도 있을 것이다.

　　집필과 편집을 끝내고 보니 기대보다는 많이 거칠다는 느낌을 지울 수 없다. 이 모든 것은 전적으로 필자의 책임이다. 특히 가장 '적극적' 복지라고 할 수 있는 교육 문제를 다루지 못한 것이 아쉽다. 교육에 있어 기회의 균등이란 한 사람 일생의 소득기회 균등을 좌우하는 것이기 때문에 복지 문제의 시작이라고 할 수 있고 그렇기 때문에 복지 논의에서 더욱 떼어 놓을 수 없다. 이 주제에 대한 논의는 다음으로 미루고자 한다.

이 책을 완성하는데 있어 도표와 통계, 초고의 정리까지 너무나 많은 애를 써준 보좌진에게 감사드린다. 또 항상 격려해 주는 가족 덕분에 졸저를 완성시킬 수 있었다는 것을 다시 실감하며 아내와 아들에게 고마움을 전하고 싶다.

2011년 12월 유일호

CONTENTS

1부
지속 가능한 복지를 꿈꾸며

/ 유일호

2부
복지에 관한 세 개의 논문

안종범 /

노후소득보장제도의 현황과 개선방안

박기백 /

복지 전망과 시사점

손원익 /

소득분배의 실태 및 시사점

1부
지속 가능한 복지를 꿈꾸며

유일호

柳一鎬

1

복지정책의 재설계

가장 효과가 있는 정책들은 소득 획득의 기회를 늘려주는 고용확대정책들과 복지지출확대를 포함한 복지정책 및 체계의 재설계가 될 것이다.
우리에게 필요한 제도의 효율적 정착, 복지 전달 체계의 개선 등이 진정한 복지 논의의 중심이 되어야 할 것이다.

왜 지금 복지논쟁인가?

정치권을 중심으로 복지논쟁이 활발해진 지도 2년이 되어간다. 그중에는 보편적 복지냐 선별적 복지냐 하는 것과 같은 크게 의미 없는 부분도 있었지만, 복지라는 것이 국민의 삶과 직결된다는 점에서 정치권을 중심으로 논의가 활성화되는 것은 바람직하다고 생각한다.

복지정책이야말로 가장 경제적이면서도 정치적인 분야이다. 이렇게 복지정책에 대한 논의가 활발해지는 이유는 어디에 있는가?

첫 번째는, 비록 외부적 충격에 의한 것이긴 하지만 2008년의 경제위기 이후 경제상황이 그다지 좋지 않은데 기인한다고 할 것이다. 물론 우리나라가 이 위기를 다른 어느 나라보다도 빨리 극복한 것은 잘 알려진 사실이다. 그러나 국민이 실감하는 체감경기는 답보상태로 있으며 최근에는 물가마저 불안하니 국민이 느끼는 불안감은 크고 이에 따라 복지에 대한 요구가 자연스럽게 커졌다고 할 수 있다.

다음으로 역사적 배경을 들 수 있다. 우리나라의 복지지출은 개발연대에는 매우 낮았고, 1989년 이후 지속적으로 증대되었지만 아직도 OECD 국가 중 복지지출의 비중이 낮은 편이다. 이것이 지속적으로 복지를 확대하고자 하는 요구의 배경이라 본다. 이와 같은 역사적 배경에 의한 논의는 오랫동안 지속된 것이지만 현재 상황과 미래에 대한 불안은 바로 '불평등'에 대한 불만으로 이어지게 되어 있다. 그리고 이 현상은 비단 우리나라에만 국한된 것이 아니다. 그 대표적인 예가 지난 가을 전 세계를 강타했고 아직도 완전히 끝나지 않고 있는 '월가를 점령하라Occupy Wall Street'가 될 것이다.

사실 2008년 리만 브라더스 사태 이후 금융자본의 행태에 대한 비판은 이미 고조되고 있었다. 과장된 측면이 있으나 구제금융 이후 제 몫만 챙기면 그만이라는 행동이 많았기 때문에 이에 대해 많은 비판과 비난이 쏟아지는 것은 당연하다고 본다. 그러한 비난이 2년이 지난 지금 행동으로 구체화된 것이다.

우리나라에서 복지확대 논의가 세계의 흐름과 반드시 일치하는 것은 아니지만, 일정 부분 유사점도 찾을 수 있다. 무엇보다도 현 제도에 대한 불안에서 시작된 불만이 바닥에 깔렸다는 점이다. 다시 말해 현재의 체제가 불평등하다는 불만이 존재하고 있으며 이 불만은 현 제도를 고쳐 무엇인가 더 해 줄 것을 정부에게 요구하는 흐름과 더 나아가 체제 자체를 변혁하고자 하는 흐름으로까지 맞닿아 있다.

　이러한 체제 변혁 주장은 소수이긴 하나 자본주의 시장경제를 부정하는 목소리로 볼 수 있다. 필자가 다른 글에서 누차 지적한 바 있지만, 현재의 문제가 시장 자체의 문제라기보다는 제도의 문제이며 시장기구를 대체할 더 나은 체제도 없기 때문에 이 주장은 전혀 설득력이 없다.

　역사적 경험 또는 여러 체제의 실험예: 공산주의에 의한 결과로 볼 때 어느 정도의 불평등은 항상 존재하고 있는 것이 사실이다. 그것을 완전히 해소하느냐의 문제가 아니라 어떻게 줄일 수 있느냐에 대한 해답이 더 절실히 요구되는 것이다.

　체제의 변화보다 온건한 주장으로 시장경제체제 운영의 패러다임을 바꾸어야 한다는 것이 대두되고 있다. 우리나라에서 진행되고 있는 논의로 '자본주의 4.0'이 이런 맥락에서 이해될 수 있다. 이는 자본주의 시장경제가 본격적으로 발달하기 시작한 이래 고전적 자유방임주의 시장경제의 모순에 대한 해결책으로 등장한 '케인지안적 개입주의 시장경제'와 이의 모순에 대한 반응이었던 '신자유주의적 시장경제' 다음으로 진화를 모색하고 있는 것으로 이해할 수 있다. 그런데 이러한 변화의 모색이 어떤 결과로 다가올지는 속단할 수 없다. 적극적으로 이러한 변화를 추구하는 측에서도 새로운 진화 모형이 어떤 것인지 분명히 제시하지 못하고 있는 것이 사실이다.

자본주의 시장경제의 최대 장점은 효율성인 반면, 시장에서의 거래결과(경제학에서 말하는 시장균형)가 '공정'하다는 보장을 할 수 없다는 것이 이 체제의 가장 큰 문제이다. 따라서 사회가 이러한 '불평등'을 없애려는 노력을 기울여야 하는 것은 당연하다. 이를 위해 소득획득단계의 적극적 재분배를 위한 여러 수단(교육의 확대, 고용기회의 균등, 누진세 등)을 활용하는 것과 아울러 그다음 단계의 사후적 재분배, 즉 경쟁에서 탈락하였거나 열등한 위치에 놓인 사람들에 대한 지원, 공적부조 등의 여러 복지지출 정책 등이 시행되어야 한다. 그런데 이러한 정책들은 이미 시행되고 있다. 그렇다면 새롭게 진화되는 자본주의는 어떤 새로운 조치와 제도개선이 이루어져야 하는가? 이에 대한 해답이 아직 확실치 않다는 것이 문제이다.

　아마도 이러한 패러다임 변화는 막연하나마 '따뜻한 자본주의'의 방향을 의미한다고 보는 것이 타당할 것이다. 대기업과 중소기업의 상생, 가진 계층이 좀 더 나눔을 실천할 수 있는 제도의 완비, 그리고 저소득층, 소외계층에 대한 더 많은 배려 등이 그 내용이 될 것이다. 그런데 이러한 방향과는 별도로 이를 이룩하기 위해 구체적으로 무엇을 어떻게 해야 할지는 더욱 확실치 않다.

　혹자는 기부의 확대 등 노블레스 오블리주의 확대를 주장하기도 한다. 물론 이는 매우 필요하고 당연히 확대되어야 할 것이지만 그것만으로 새로운 패러다임으로의 전환이 이루어졌다고 말하기는 어렵다. 또 일부에서는 부유층에게만 세금을 더 걷어 소득재분배에 활용하자는 아이디어를 내놓기도 한다. 이 역시 가능한 대안이지만 성장 활력의 저해라는 또 다른 문제점을 가지고 있다는 점을 부인하기 어렵다. 아울러 이것이 근본적인 해결책이 될 정도로 충분한지도 속단할 수가 없다.

이런 점들을 고려할 때 가장 효과가 있는 정책들은 소득 획득의 기회를 늘려주는 고용확대정책들과 복지지출확대를 포함한 복지정책 및 체계의 재설계가 될 것이며 그것이 이 책에서 모색하고자 하는 것이다. 그런데 향후 전개될 복지확대 논의는 단순히 지출의 증대라던가 새로운 제도의 도입 같은 것에 국한되어서는 안 될 것이다. 특히 새로운 제도 도입은 꼭 필요한 것으로 국한되어야 한다. 지출증대 역시 증대의 폭 자체보다는 지출의 질적 변화에 좀 더 주의를 기울여야 한다.

우리나라에서 복지의 확대는 자본주의 패러다임의 변화가 추구하는 '공정한 사회'를 이루기 위해 꼭 필요한 부문이라고 할 수 있다. 다만, 그것이 우리와 경제 환경과 역사적 배경이 다른 선진국들의 예를 그대로 답습한다든가 일거에 그 수준에 도달한다는 식이어서는 안 된다. 우리에게 필요한 제도의 효율적 정착, 복지 전달 체계의 개선 등이 진정한 복지 논의의 중심이 되어야 한다.

이러한 논의를 본격적으로 전개하기에 앞서 다음 장에서는 우선 사회가 추구하는 정의란 무엇이며, 불평등은 어떻게 보아야 하는지 시장과 정부는 어떠한 역할을 해야 하는지 논의하고자 한다.

자발적 교환의 결과가 '공정'한 것인지 무엇이 정말 '공정'한 것인지에 대한 판단은 시장이 하는 것이 아니며 '사회'가 하는 것이다. 그리고 시장에 의한 배분의 결과가 '공정'하지 못하다고 판단되면 그것을 '시정'하여 사회가 '바라는 결과'로 이동시키는, 이른바 '재분배'를 하게 되는 것이다.

정의란 무엇인가?

정의란 무엇인가? 이 말은 잘 알려진 마이클 샌델의 명저 'Justice'의 우리 말 제목이기도 하다. 이 책은 우리가 평소에 생각하기 어렵거나 생각했다 하더라도 대답하기 어려운 문제에 대해 끊임없는 토론을 유도하는 방식을 취하고 있다. 확실히 강의 기법으로는 훌륭한 방법이다. 다만 이 책을 읽으면서 무언가 약간 부족하다는 느낌이 드는 것은 필자만이 아닐 것이다. 왜 그럴까? 그 이유는 이 책에는 제기된 문제에 대해 대부분 분명한 대답이 없다는 데 있을 것이다.

샌델 자신이 그 대답을 갖지 않았다기보다는 그 입장을 밝히지 않는 것이 강의의 기술상 더 좋았기 때문에 일부러 답하지 않은 부분도 있을 것이다. 아울러 샌델이 가지고 있는 입장에서도 객관적으로 옳다고 확신하기에 주저되는 부분 역시 있을 것이다. 필자 역시 이 문제들의 모든 것에 대해 완전한 정답을 가지고 있지는 않다. 따라서 이 책에서 샌델이 제기한 문제에 대해 답하는 것은 필자와 같은 관점으로 볼 수도 있다는 정도에 그치는 것이 많다. 또 드물지만 샌델의 주장에 대한 반박도 포함되는데 이 역시 필자의 관점으로 이해되길 바란다.

이 책 4장은 이른바 '시장'과 도덕의 관계를 논의[1] 하고 있다. 이 주제는 '규명'이란 말을 쓰기에는 논의가 너무 짧아 '논의'란 표현을 쓰기로 한다. 경제학에서도 상당히 껄끄럽게 여겨지는 것이기도 하다. 샌델은 이 장을 '자유시장은 공정한가?'와 '돈으로 살 수 없는 또는 사서는 안 되는 재화도 있을까?'의 두 질문으로 시작하고 있다. 자유시장 옹호론자인 필자의 답은 이렇다.

첫째, 자유시장에서 형성된 거래의 결과인 배분상태는 공정할 수도 공정하지 않을 수도 있다. 다시 말해 항상 공정성이 담보되지 않는 것이 자유시장이다. 둘째 질문에 대한 답 역시 '거래될 수 없는' 재화나 서비스도 있다는 것이다. 그렇다면 이러한 문제점에도 필자는 왜 자유시장을 옹호하는가? 자유시장의 옹호는 자유시장이 가지는 많은 장점 때문이지 그것이 무결점, 무오류의 경제시스템이기 때문이 아니다. 또 자유시장의 결점에도 불구하고 지금까지 알려진 그것을 대체하는 어떤 다른 시스템도 그보다 우월한 것이 없었다는 점도 자유시장을 옹호하게 되는 이유이다.

이제 샌델의 논의 전개를 따라 '징집과 고용, 무엇이 옳은 가?' 라는 예를 가지고 자유시장의 문제에 대해 논의하고자 한다. 우선, 병역문제와 자유시장에서의 선택문제에 대해 살펴보자. 샌델은 자유시장에서의 선택에 대해 약간의 오해를 한 것으로 보이는데, 자유시장을 옹호하는 사람일지라도 시장에서의 선택 가능한 집합이 무한하다고 생각하지는 않는다. 오히려 선택 가능한 영역이 제한되어 있기 때문에 경제행위라는 것이 발생하는 것이고, 시장은 그 선택의 여지를 더 넓히는 것이 장점이지 선택의 제약 자체를 없애는 것만이 장점은 아니라는 것을 상기해야 할 필요가 있다. 만약 가난한 젊은이에게 적당한 보수가 대학 등록금이라는 *fringe benefit*까지 보장이 되는 '병역 선택'의 기회를 준다면 이는 획일적인 의무병제도보다는 확실히 선택의 기회를 넓혀준 것이 된다. 그리고 이것은 분명히 '자발적'인 거래임이 틀림없다. 다시 강조하지만, 시장에서 자발적 거래는 기존의 주어진 초기 상태*initial condition*에서 교환에 의해 더 나은 상태로 가느냐의 문제이지 초기 상태 자체가 공정한지를 따지는 것이 아니다. 그리고 그 자발적 교환의 결과가 '공정'한 것인지 무엇이 정말 '공정'한 것인지에 대한 판단은 시장이 하는 것이 아니며 '사회'가 하는 것이다. 만약 시장에 의한 배분의 결과가 '공정'하지 못하다고 판단이 되면 그것을 '시정'하여 사회가 '바라는 결과'로 이동시키는, 이른바 '재분배'를 하게 되는 것이다. 이러한 강제적 권력을 가진 주체는 현대 자본주의 사회에서는 정부가 유일하다.

이런 점에서 확실히 '자원병' 제도는 징병제보다 우월하다. 그러나 필자는 전자가 후자보다 무조건 우월하다고 주장하고 싶은 마음은 없다. 그 이유는 무엇보다도 경제학에서도 직접 거래할 수 없는 것으로 치는 '생명'과 관련된 것이기 때문이다.

샌델이 들고 있는 '식인의 예'에도 나오지만 생명을 직접 거래하는 것은 시장의 영역에 있지 않다. 그런데 '병역'의 경우 생명을 직접 거래하는 것은 아니지만, 생명의 위험이 높아지는 가능성과 관련되어 있다는 점에서 해답이 어려워지는 문제가 있다. 이에 대해서는 생명의 위험이라는 간접적 거래가 생명의 직접적 거래와 본질적으로 다를 바 없다는 주장이 있을 수 있다. 이런 경우에는 당연히 생명의 위험이 관여된 거래는 시장의 영역 밖에 있다고 해야 할 것이다. 그러나 반면, 경찰, 소방 등 생명의 위험성이 높은 다른 공공서비스도 '자발적'으로 충원된다는 점을 감안하면 '병역' 서비스도 그 연장선상에서 이해될 수 있다. 이러한 입장에 선다면, 시장에서 '병역' 서비스를 군이 거래하지 못할 이유도 없다. 따라서 자원병제도도 충분히 고려할만한 대안이며, 전술한 바와 같이 자원병제도가 징병제보다 우월한 측면이 있기 때문에 이를 채택하는 것이 옳을 것이다.

이 두 입장은 다 일리가 있고 어느 한 쪽만 옳은 것은 아니라고 하겠다. 따라서 사회나 국가가 처해있는 환경에 따라 그 사회의 선택은 달라질 수 있다. 아무리 자원병제도가 더 장점이 많은 제도라고 해도 이를 유지하기 위해 드는 막대한 재정을 조달하기 힘들거나 아예 불가능하다면 이를 선택할 수 없는 것이다. 반면 정부재정이 충분하다면 충분히 선택할 수 있는 대안이된다. 비록 자원병제도가 루소에 의해 강력히 비난받았지만, 그렇게 폄하될 선택 수단은 아니라고 생각한다.

여기서는 자원병, 강제징집의 예에 대해서만 논의를 국한시켰지만 우리가 시장에서 거래될 수 없다고 생각되는 것 중에서 의외로 거래될 수 있는 것이 많다. 그리고 '정의'와 직접적인 관계가 있다고 볼 수 있는 것도 많다. 그러한 거래의 결과가 정의롭지 못할 수는 있으나 그것이 시장에서의 거래 가능성을 부인하는 것은 아니다. 왜냐하면 다른 많은 '통상적인' 시장에서의 거래도 '정의'롭지 못한 결과를 가져올 가능성은 항상 존재하기 때문이다. 만약 어떤 거래가 사회가 정한 '정의'의 기준에 못 미치면 그것을 '바람직한' 방향으로 교정하는 것은 별개의 문제이다.

경제학적 관점에서도 재정지출 등의 수단을 통해 시장에 개입하는 것이 정당화된다. 바로 이러한 대표적 수단이 우리가 흔히 복지라고 부르는 광범위한 정책들이다.

시장에서 거래는 반드시 자발적인가?

마이클 샌델의 이 질문은 거래의 '자발성'에 대한 것이기 때문에 시장에서 일어난 거래의 결과*자원의 배분*가 공정한가에 대한 질문과는 다르다. 후자는 경제학에서 많이 다루는 주제이므로 뒤에 논의하기로 하고 우선 샌델의 질문에 대해 그 답을 구해보고자 한다.

샌델은 '정의는 무엇인가?'의 서론에서 허리케인이 휩쓸고 간 이후 일시적 물자 부족으로 한 할머니가 겪어야 했던 곤경을 예로 들어 '자발적'일 것으로 생각하는 시장에서의 거래가 매우 '비자발적'일 수 있다는 점을 지적하고 있다. 그리고 이 예에서 '비정한' 시장의 '공정하지 못한' 거래가 '부당'하다는 점을 나타내려는 것으로 보인다. 확실히 이 할머니 자신은 부당하다고 느낄 수 있다.

사실 이와 유사한 예는 무수히 많다. 최근 노르웨이에서 한 극우 테러리스트가 사회민주당 당원들에게 무차별 사격을 가해 수많은 생명이 무고하게 희생되는 비극적 사태가 있었다. 모든 노르웨이 국민이 당연히 애도의 물결을 이루었고, 그 결과 장미꽃이 동이나 평소보다 5배 이상 올라간 값으로 장미가 거래되는 현상이 나타났다. 이것은 공정하지 못하고 부당한 거래가 아닌가? 이는 애도를 위한 '자발적'인 거래라 할 수 있을까? 굳이 외국의 예를 들지 않더라도 휴가철마다 벌어지는 자릿세, 음식값 등 바가지요금의 문제와 작년에 수해 때문에 발생한 배춧값 폭등도 유사한 경우가 될 것이다. 이러한 사례들에서 공통적으로 관찰되는 문제점은 다음과 같다.

시장 상황에 따라서는 *주로 자연재해 등 의도되지 않은 공급제한 요인에 기인한* 사람들이 부당하다고 느낄 정도로 가격이 폭등하는 경우, 자연스럽게 대다수의 불만을 일으킨다는 점이다. 그리고 사회 구성원 다수의 불만은 필연적으로 이러한 행위를 제한하는 요구에 직면하며 그에 상응하는 조치가 취해진다는 것이다. 그러한 조치의 대표적인 것이 플로리다의 '가격폭리처벌법' 같은 것이 될 것이다. 어찌 보면 해묵은 논쟁의 주제지만 샌델이 제기하고 필자도 대답하고자 하는 문제는 다음과 같은 것들이다.

자유시장에서의 거래는 항상 자발적인가? 좀 더 구체적으로 말하자면 위에 든 예들은 비자발적인 거래들이라고 해야 하지 않는가? 그리고 모든 거래가 그렇지는 않더라도 일부분이라도 이와 같은 비자발적인 거래가 존재하고 있다면 시장질서에 정부가 개입하는 것은 가격폭리처벌법 같은 당연하지 않은가?

우선 자발성의 문제부터 생각해보자. 샌델은 시장거래에서 자발성이란 어떤 정해진 틀에서 '공정한' 재화나 서비스의 가격이 존재하고 거기서 크게 벗어나지 않는 범위 내의 가격조건에 맞을 때 거래에 응하는 것은 자발적이고, 그렇지 않은 것은 울며 겨자 먹기 식의 '비자발적'인 거래라는 점을 강조하고 있다. 반면, 그 책에 인용된 소웰같은 경제학자들은 가격이란 시장의 수요, 공급 간 상호작용에 의해 결정되는 것이며 내재해 있는 가치와 연동한 '본질적'이거나 '정상적'인 가격은 존재하지 않는다는 주장을 펴고 있다. 후자의 견해에 따르면 위의 거래들은 본질적으로 자발적이다.

즉, 자발성이란 가격이 비싸면 사지 않는 자유를 의미하는데 자기가 필요로 하는 재화를 사는데 '당시의 상황에서 찾을 수 있는 가장 싼 가격'을 지불하는 것뿐이기 때문에 자발적이라는 것이다. '필요로 한다'라는 것은 수요자로서는 지불하고자 하는 가격이 매우 높다는 뜻이다. 따라서 어떤 상황에서는 상당히 높은 가격일지라도 '기꺼이' 지불하고자 할 것이며 다른 상황에서 더 싼 가격으로 살 수 있었다는 사실이 자발성 여부와는 상관이 없다고 보는 것이다. 사실 이 주장대로라면 자발적이냐? 비자발적이냐?를 따지는 것 자체에 큰 의미는 없다.

위에서 보여 준 많은 사례에서 보면 후자의 주장이 오히려 설득력이 있다. 오슬로의 장미값이 '단기적으로 폭등'했을지라도 억울하게 희생된 젊은이들을 추모하기 위해 그 정도의 희생높은 *가격의 지불*을 많은 오슬로 시민은 '자발적으로 감수' 했다고 보는 것이 옳을 것이다. 그리고 이런 때 정부가 쓸데없이 처벌법을 만들어 시장에 개입하는 것은 옳지 않다. 그런데 플로리다의 할머니는 어떠한가? 똑같은 논리로 시장에 개입하지 않고 비싼 가격을 지불하도록 하는 것이 정당할까? 위에 든 경제학자들의 논리에 대체로 동의하는 사람들조차 이 경우는 수긍하기 어렵다는 의견을 가질 것으로 짐작된다. 그 이유는 여러 가지가 있을 수 있지만 아마도 어려운 처지에 있는 할머니가 더 곤경에 처하는 것은 바람직하지 않다는 감정 또는 정서에 의한 것이 클 것이다. 좀 더 극단적으로 표현하자면 샌델이 지적한 대로 '약탈자'에게 분노하고 그들을 처벌하고자 하는 것이다.

필자를 포함한 다수 경제학자는 위에 든 감정이나 정서와는 다른 이유에서 정부의 개입이 정당화될 수 있다고 생각한다.

독점적 위치를 남용한 상황에 해당한다면 규제할 수 있다.[2] 이는 불평등 해소의 문제가 아니라 효율성의 문제이다. 독점의 폐해를 다룬 경제학 교과서를 참조. 그것보다는 이 예 처럼 천재지변이나 전쟁 등의 비상상황에서 생존과 직결되는 문제를 해결하기 위해서 시장에 개입하는 것은 정당화된다. 즉, 생존의 문제는 시장에서 정상적인 균형을 찾을 수 없는 예외적인 경우이다.[3] 수학적으로 표현하자면 내부해(Interior Solution)가 존재하지 않는 경우이다. 이런 경우 정부가 개입하는 방식은 여러 형태를 보일 수 있다. 우선 가격폭리처벌법과 유사한 법적

강제를 가격에 부과하는 것이다. 예를 들어 전쟁 시에는 대부분의 나라에서 전시가격통제법 같은 것들을 제정하여 가격을 직접 통제한다. 다음으로 전쟁보다 덜 심각한 때는 구호금품을 지급하는 등 직접적 가격통제 대신 재정지출을 활용한다.

여기서 이 예들에 대한 논의를 잠시 멈추고 다시 자발성의 문제로 돌아가 보자. 시장의 거래가 '자발적'인가의 문제가 공정 또는 정의의 문제와 어떤 연관이 있는가? 샌델의 설명에 의하면 선택의 자유 유무는 이마누엘 칸트 이래로 정의로운 사회에 가장 큰 밑받침이다. 시장에서 자발성이란 바로 선택의 자유를 의미하므로 만약 시장에서의 거래가 비자발적이었다면 그 결과 역시 정의롭지 못한 것이 된다. 따라서 이를 바로잡기 위한 조치 역시 정당화될 것이다.

> 강요된 상황에서 사람들에게 정말 선택의 자유가 있는지 알아볼 수 있지만 그들의 선택을 평가할 필요는 없다. 중요한 점은 '강요받기보다는 직접 선택했는가, 직접 선택했다면 어느 정도까지 그러했는가'이다. (중략) 18세기의 이마누엘 칸트부터 (중략) 우리 권리를 규정하는 정의의 원칙은 미덕과 삶에 관한 주관적 견해에 좌우되지 말아야 한다. 정의로운 사회라면 개인의 자유를 존중해, 각자 좋은 삶을 선택할 수 있어야 한다.
>
> ―샌델, 전게서 pp20-21

다만, 이와 같은 시정이 구체적으로 어떤 형태로 나타나야 하는가에 대해서는 고대 정치사상과 칸트 이후의 근대정치사상이 다르다는 점을 설명하고 있다. 즉, 전자의 경우 사회에는 기본 '미덕'이 존재하며, 법 역시 이런 기본 덕목을 구현해야 한다는 것이다. 결국 이에 따르면 할머니에게 비싼 방값을 받은 모텔 주인으로 대표되는 탐욕은 악덕이므로 마땅히 처벌을 받아야 하며 가격폭리처벌법은 정당화된다.

> 아리스토텔레스는 정의란 사람들에게 그들이 마땅히 받아야 할 것을 주는 거라고 가르친다. 누가 무엇을 받을 자격이 있는가를 결정하려면, 어떤 미덕에 영광과 포상을 주는가를 결정해야 한다.
>
> —샌델, 전게서 p21

이러한 철학적 논의를 더 깊이 진행하는 것은 이 책의 범위를 벗어난다. 그보다는 샌델이 들고 있는 예들로부터 우리가 전개하고자 하는 복지논의에 좋은 시사를 도출할 수 있다는 점을 강조하고자 한다.[4] 이를 경제학적 관점에 근거한 것이라고 평가해도 무방하다.

사실 시장에서의 대부분의 거래는 많은 사람이 생각하는 것보다 훨씬 자발적이기 때문에 섣불리 개입하는 것은 옳지 않다. 물론 비자발적인 거래로 평가되는 것도 있기는 하다. 어쨌든 이른바 '시장 지상주의자'들은 시장에서의 거래는 '자발성'에 기초하기 때문에 그 결과는 정당하다고 주장할지도 모른다. 그런데 그와 같은 생각을 하는 사람은 소수에 불과하다. 대부분의 시장 지상주의자 아니라 시장경제 옹호론자들은 이론이 아닌 현실에서 시장에서의 거래가 반드시 자발적이지도 않으며, 그 결과가 '공정'하지 않을 수도 있다는 것을 다 인정하고 있다. 필자가 다른 글에서 밝힌 바 있지만, 시장이 보장하는 것은 효율성일 뿐이며 결과의 공평성은 아니다.

예를 들어보자. 학창시절에 열심히 공부했던 A씨는 대학졸업 후 누구나 부러워하는 금융회사에 연봉 1억 원을 받으며 취업할 수 있었다. 노동강도가 센 것이 걸리기는 하지만 그 사실을 알고 자발적으로 선택한 것이기 때문에 문제가 안 된다. 반면 비슷한 인생을 살아온 B씨는 아무래도 젊은 시절에 회사에만 매달리는 것이 옳지 않다는 생각을 하고 연봉은 5천만 원 정도이지만 시간 여유가 있는 중견기업에 취직했다. 비록 연봉은 적지만 자신의 선택에 후회는 없다. 세 번째 C씨는 고등학교만 졸업하고 연봉 2,500만 원을 받는 회사에 간신히 취직할 수 있었다.

이 경우 어디까지가 '자발적'인 노동시장의 참여이고 어디까지가 그렇지 않은가? A, B 씨는 아무도 자발성을 의심하지는 않을 것이다. 그런데 C씨는 다를 수 있다. 만약 열심히 공부하지 않아서 또는 남만큼 노력을 하지 않아서 나온 결과라면 비자발적이라고 주장할 수 없다. 그야말로 원치는 않으나 할 수 없이 낮은 임금에 취직하게 되었다는 불평을 할 수 없다. 그러나 만약 어려운 환경 때문에 열의가 있어도 제대로 된 교육을 받을 수 없었다면, 또는 선천적 장애가 있어 처음부터 경쟁에 불리하게 되어 있었다면 어떻게 할 것인가? 이 경우 낮은 연봉의 직장 선택을 자발적이라고 할 수 없을 것이며 플로리다의 할머니가 어쩔 수 없이 선택을 강요받는 현실과 본질은 같다.

필자는 이런 측면에서 샌델이 제시하고 있는 자발성의 예가 바로 '기회의 균등성'의 문제와 본질적으로 같다고 생각한다. 기회가 균등하지 않다면 그 거래는 자발적이지 않다. 이것은 후술되는 유럽의 복지국가 논의에 중요한 시사점을 준다. 잘 알려진 바와 같이 많은 유럽국가는 대학진학의 선택을 초등학교 졸업 무렵 전후 학교 당국에서 결정한다. 즉, 대학을 가기 위해 인문계 학교로 진학시킬 것인가 아니면 고교 졸업후 바로 취직하는 실업학교로 보낼 것인가를 결정한다. 이것은 학생의 입장에서 보면 명백히 비자발적 선택에 의한 인생설계이며 노동시장에서 기회 불균등이다. 그렇게 정해진 계층구조는 공정한가? 분명히 공평하지 않으며 따라서 이를 해결하기 위한 정치적, 사회적 노력과 조치가 수반되어야 한다. 그러므로 해결방안으로 유럽식 복지국가가 대두한 것은 우연이 아니다. 이에 대해서는 뒤에서 좀 더 자세히 다루기로 한다.

어쨌든 이처럼 비자발적이어서 '불공정'한 경우가 발생하면 이를 어떻게 해결할 것인가? 즉, 사후적인 공정성을 어떻게 확보할 것인가? 앞에서도 설명했지만, 전시 등 비상상황에서는 통제와 처벌 같은 직접적인 개입도 가능하다. 이는 반드시 탐욕이 악덕이라는 이른바 '미덕' 관점에 의한 것만도 아니다. 사회적 필요성에 따른 합의는 이러한 철학적 배경과는 무관하게 도달할 수 있다. 그런데 그보다 덜 심각한 상황에서는 경제학적 관점에서도 재정지출 등의 수단을 통해 시장에 개입하는 것이 정당화된다. 바로 이러한 대표적 수단이 우리가 흔히 복지라고 부르는 광범위한 정책들이다. 위에서 보았듯이 생존의 위험에 내몰린 사람들이 시장에서 취할 수 있는 '자발적'인 경제적 수단은 매우 적다. 따라서 복지지출을 통해 이런 사람들에 대해 지원을 해 주는 것이 정당하다.

샌델이 제기한 거래의 자발성에 근거한 복지의 이론적 근거를 살펴 보았다. 그런데 누구까지 얼마나 어떻게 지원하는 것이 정의로운가? 이는 실제 정책의 문제이고 답하기 훨씬 어렵다. 이 책에서는 이러한 문제를 다루고자 한다.

자본주의 시장경제에서 종종 나타나는 불평등 현상을 보고 시장 존재 자체를 부정하는 주장들이 많이 대두하고 있다. 그러나 이는 시장경제에 대한 잘못된 이해에서 비롯된 것이다.

시장은 공정한가?

'공정'이란 무엇인가? 이에 대답하기 위해서는 아마도 '불공정'한 것이 무엇인지에 답하기가 더 쉽다고 생각된다. 흔히 불공정은 경제적 불평등과 동의어로 인식되는 경우가 많다. 특히 시장이 공정한가에 대한 대답은 근본적으로 경제적 함축을 담고 있기 때문이다. 경제적 불평등은 당연히 해소되어야 한다고 모든 사람이 생각할 것이다. 동시에 어느 정도의 불평등은 불가피하다는 이해도 한다. 문제는 어느 정도까지 해소가 가능한 것인가, 어느 정도를 받아들여지는 수준으로 인정할 수 있는가 하는 것이 문제가 될 것이다. 어쨌든 경제적 불평등을 해소하고자 하는 것은 인류역사가 생긴 이래 숙제라 할 것이다. 그리고 자본주의의 발달, 특히 최근 세계화 진전과 더불어 소득수준의 격차가 확대된 것에 의해 경제적 불평등 완화에 대한 관심이 더욱 높아진 것이 사실이다. 그런데 이와 같이 자본주의 시장경제에서 종종 나타나는 불평등 현상을 보고 시장 존재 자체를 부정하는 주장들이 많이 대두되고 있다. 그러나 이는 시장경제에 대한 잘못된 이해에서 비롯된 것이다. 잘 알려진 바와 같이 경제학이 설명하는 시장에서 배분에 대한 결론은 다음과 같은 두 개의 정리로 요약된다.

후생경제학의 제 1 기본정리
이상적인 조건에서 시장에서의 완전경쟁균형은 파레토 효율적 경제의 어느 구성원에게 손해를 끼치지 않고서는 다른 사람의 효용을 증가시킬 수 없는 상태이다.

후생경제학의 제 2 기본정리
모든 파레토 효율적인 분배는 시장에서의 완전경쟁균형으로 달성될 수 있다.

이상적 조건의 시장경제에서 달성되는 완전경쟁균형은 파레토 효율성을 달성한다는 뜻이다. 다소 생소할 수 있는 이 두 정리 및 개념의 이해를 돕기 위해 한 예를 들기로 한다. 어떤 가상의 교환경제 국가가 있다고 하자. 이 나라의 인구는 10명이며 유일한 재화인 10개의 도토리가 존재한다. 이 10개의 도토리를 10명의 국민에게 어떻게 배분하느냐? 하는 것이 이 나라의 먹고 입고 자는 문제 즉, 경제문제의 핵심이 된다. 가능한 분배조합은 무수히 많겠지만 그 중 몇 가지만 예를 들면 다음의 그림과 같다.

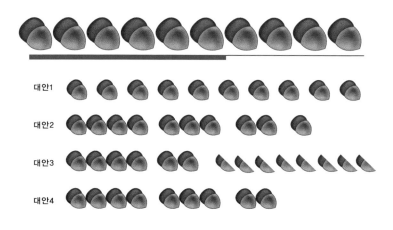

이 중 파레토 효율적인 배분과 그렇지 않은 것을 구분하기는 어렵지 않다. 맨 마지막 배분만이 파레토 비효율적이고 그 외의 것은 파레토 효율적이다. 대안 1, 2, 3의 경우 어느 한 사람의 희생을 전제하지 않는 한 어떤 다른 사람의 효용을 증가시킬 수 없지만 대안 4는 그렇게 할 수 있기 때문이다.

이 예에서 알 수 있는 것은 파레토 효율적 배분이란 '낭비'가 없는 배분상태라는 것이다. 다음으로 파레토 효율적인 배분은 '공정'할 수도 그렇지 않을 수도 있다는 것이다. 원래 파레토 '최적'이라고 불리던 것이 '효율'이라고 불리게 된 것도 이러한 사실에 기인한다.

이제 다시 후생경제학의 정리로 돌아가 시장경제에서 가능한 배분이 어떤 것인지 살펴보자. 자유시장에 배분을 맡기면 이 정리에 의해 여러 파레토 효율적인 배분 중 하나에 도달하게 될 것이다.[5) 물론 전술한 이상적 조건이 충족되어야 한다. 실제 현실에서는 공공재의 존재, 외부효과, 정보의 비대칭성 때문에 이 정리가 성립하지 않는 '시장의 실패'가 발생할 수 있다.] 문제는 그다음이다. 위의 도토리 배분의 경우 대안 1과 대안 3을 비교할 경우, 다 파레토 효율적인 배분임에도 공정성에 대한 함의는 다 다르다. 심지어 한 사람이 10개 모두를 가지는 것 역시 효율적 배분이다. 이와 같이 극단적으로 상반된 경우 중 어느 것에 도달할지 모른다. 공정이나 경제적 평등을 도외시한다면 아무 문제가 없지만 어떤 대안을 다른 것보다 공정하다고 평가하게 되면 그 대안외 결과*시장에서 배분*는 불만족스러운 것이 되고 만다. 한마디로 자유시장은 공정성을 항상 보장하지는 못한다.

그러면 국가나 사회는 이 문제를 어떻게 해결해야 하는가? 다시 말해 많은 효율적 배분 중에서 '사회가 바라는 공정한' 배분을 어떻게 선택할 것인가? 이에 대답하기 위해서는 무엇이 공정한 것인가를 먼저 정해야 한다. 그리고 이에 대한 관점은 각 개인의 가치판단이 다를 수 있기 때문에 매우 다양하다. 따라서 사회적으로 공정하고 바람직한 선택이 가능하기 위해서는 다양한 개인적 가치판단을 종합한 사회적 가치판단이 요구된다.

경제학이나 철학에서는 이러한 사회적 판단의 준거를 사회효용함수라고 부른다. 여러 사회효용함수가 있으며 각각의 철학적, 이념적 추구가 다르므로 그 선택도 다를 수밖에 없다. 그런데 불행히도 모든 사회구성원이 동의하는 사회효용함수가 존재하지 않는다는 것이 논증된 바가 있다. 이것을 논증한 경제학자 애로우의 이름을 따라 '애로우 불가능성 정리'라고 한다. 따라서 사회적 판단이 가능하게 하기 위해서는 부득이 모든 사람의 동의인 '전수결' 대신 대다수의 동의 즉, '다수결'을 택할 수밖에 없는 것이다.

이와 같이 사회 구성원들의 대다수가 어떤 배분이 바람직하다고 결정했다면 그에 따른 사회적 선택이 필요하다. 이 경우 시장에서 결정된 효율적 배분을 사회가 원하는 새로운 효율적 배분으로 전환하는 것이 바로 광의의 재분배이며 그를 달성하는 가장 중요한 수단이 다양한 복지지출로 대표되는 소득재분배 정책이다.

그런데 이와 같은 소득재분배 논의를 계속하기 전에 한 가지 더 논의할 점이 있다. 이른바 경제체제의 논의로서 반드시 시장경제체제를 채택할 필요가 있는 것이냐? 하는 것이다. 만약 효율적 배분상태와 사회적으로 바람직한 배분상태까지 다 아는 '계획자'가 존재한다면, 이 계획자의 설계에 따라 한 번에 '공정하고 효율적인' 배분을 이룩할 수 있지 않을까? 이렇게 되면 재분배가 필요없게 되는 것이다. 순수한 이론의 관점에서는 모든 정보가 완전히 알려진 계획경제에서 이것이 가능할 수 있다는 것이 알려져 있다. 그러나 이는 선호의 왜곡, 정보비용의 과다 등이 반영되지 않은 결과라는 점 역시 잘 알려져 있다. 그뿐만 아니라 구공산권의 경우에서 보듯이 현실적으로 전혀 가능성이 없다는 것이 입증된 바 있다. 따라서 이에 대한 논의는 이 책에서 하지 않기로 한다.

다시 요약하자면 자유시장 경제하에서 시장균형의 결과는 대체로 매우 효율적이다. 전술한 이상적인 조건을 만족한다면 후생경제학의 기본정리에 논증된 바와 같이 반드시 효율적이며, 이상적인 조건이 완전히 충족되지 않은, 이른바 시장의 실패가 같이 존재해도 적절한 교정조치에 의해 '매우' 또는 '비교적' 효율적인 자원배분에 도달할 수 있다. 문제는 그러한 배분의 결과가 공정할 수도 그렇지 않을 수도 있다는 점이다. 사회가 합의하는 공정한 배분에 도달하기 위해서는 적절한 재분배가 이루어져야 한다. 그리고 그 기능을 수행하는 주체는 경제적 강제력 또는 구속력을 가진 유일한 경제주체인 정부가 될 수밖에 없다. 이러한 재분배란 바로 정부가 어떠한 복지정책을 수립하고 실천해 나가느냐 하는 것과 동일한 문제이다.

시장주의자 또는 시장의 힘에 신뢰를 가지고 있는 사람들 대부분은 시장에서의 거래 결과 시장 균형이 반드시 '공정'하지 않으며, 그 결과 어느 정도의 재분배가 필요하다는 데에 동의한다는 사실을 상기할 필요가 있다.

재분배는 왜 필요한가?

이 문제는 샌델의 저서 3강에서 집중적으로 다루고 있다. 사실 샌델이 이 3강에서 강조하고자 하는 것은 '자유지상주의'에 대한 문제 제기지만 재분배에 대한 좋은 토론 주제를 제공해 주고 있기도 하다.

우선 샌델의 문제 제기부터 인용해 보기로 하자.

> 어떤 사람은 이러한 불평등은 부당하며 부자에게 세금을 부과해 가난한 사람을 도와야 한다고 생각한다. 그런가 하면 반대의견을 가진 사람도 있다. 이들은 강요나 사기가 전혀 없었다면, 그리고 시장경제에서 자유로운 선택으로 부를 얻었다면 전혀 부당하지 않다고 말한다.
>
> – 마이클 샌델, 전게서 pp 87–88

이에 대해 공리주의자로서 재분배에 찬성하게 되는 것을 샌델은 다음과 같이 잘 설명하고 있다. 즉, 빌 게이츠의 100만 달러를 100명에게 1만 달러씩 나누어주면 빌 게이츠의 공리*경제학자들은 효용이라는 표현을 쓴다*는 크게 낮아지지 않지만 돈을 받는 100명은 각자 공리의 증대가 크기 때문에 사회 전체 공리*효용*의 총합은 늘어난다는 것이다. 이른바 단순공리주의에 대해 설명한 것이 된다.

> 정의를 행복극대화라고 생각하는 사람이라면 다음과 같은 논리로 부의 재분배에 찬성할 것이다. 즉 빌 게이츠에게서 100만 달러를 가져다 형편이 어려운 100명에게 1만 달러씩 나눠줬다고 가정해보자. 그렇다면 전체적으로 행복은 증가할 것이다. 게이츠에게는 그 돈이 아쉽지 않겠지만, 돈을 받은 사람들은 굴러들어온 1만 달러에서 대단한 행복을 느낄 것이다. 게이츠의 공리는 하락하겠지만, 돈을 받은 사람들의 공리는 그보다 더 상승할 것이다. — 마이클 샌델, 전게서 p88

그런데 과연 그럴까? 빌 게이츠의 공리 변화가 총합은 같은 금액인데도 100명의 공리 변화의 총합보다 적으리라는 보장은 없다. 다만 그럴 것이라는 추측이 일단은 가능할 뿐이다.

이러한 추측을 넘어서는 설명이 있다. 이는 경제학자들*엄밀히는 한계효용학파*의 성과인데 그들은 '한계효용 체감의 법칙'이라는 개념으로 위의 경우를 설명하고 있다. 즉, 한 사람의 한계효용은 소득이 늘어날수록 줄어든다는 것이다. 이렇게 되면 위의 경우 100만 달러의 희생에 의해 줄어드는 효용은 1만 달러의 증가에 의해 늘어나는 효용의 100배보다 작을 수밖에 없기 때문에 이러한 재분배에 의해 사회 전체의 효용이 늘어나는 것이다.[6] 사실 이 경우 빌 게이츠와 100명의 다른 사람들이 효용에 대해 동일한 인식을 가져야 한다는 전제 역시 필요하다. 이른바 대표적 개인(Representative Individual)이 가정되는 셈이다.

샌델이 이러한 논리를 이해하지 못했는지 아니면 이해하고도 생략했는지에 관심을 기울일 필요는 없다. 어쨌든 공리주의자로서는 소득재분배를 찬성하는 것이 당연하다는 것을 샌델은 설명한 셈이다.

이제 그 반대의 입장 즉, 자유지상주의자들은 소득재분배에 반대하는 입장으로 설명되고 있다. 여기서 노직으로 대표되는 자유지상주의자들의 주장과 샌델의 문제 제기를 다시 되풀이할 필요는 없겠다. 그보다는 인용된 노직, 프리드만, 하이예크 등이 자유시장을 옹호하는 대표적인 사람들이며 동시에 자유지상주의자거나 그에 매우 가까운 사상을 가진 사람들이기 때문에 시장에 대한 믿음이 재분배의 경시로 동일시되는 오해는 피해야 한다는 것이 중요하다. 이미 앞 절에서 설명한 대로 시장주의자 또는 시장의 힘에 신뢰를 가지고 있는 사람들 대부분은 시장에서의 거래 결과 시장 균형이 반드시 '공정'하지 않으며, 그 결과 어느 정도의 재분배가 필요하다는 데에 동의한다는 사실을 상기할 필요가 있다.

그런데 한 가지 재미있는 것은 샌델 역시 소득분배에 관한 마이클 조던의 예에서 자유지상주의자들의 주장에 대해 결정적인 반박은 하지 못하고 있다는 점이다반박과 자유지상주의의 반격 참조. 이는 적어도 사회적, 윤리적 문제가 아닌 경제적 문제는 자유지상주의자들의 '자신의 자기 소유'라는 개념에 대한 반박이 만만치 않다는 참고증거가 된다.

그러면 샌델도 완전히 반박해 내지 못하는 '자신의 자기 소유' 개념은 모든 영역에서 항상 옳을까? '그렇지 않다'라고 필자는 생각한다. 경제의 영역을 벗어나면 이 개념은 한계에 부딪힐 수 있다. 샌델의 책에 소개된 식인의 예가 대표적이다. 생명에 관한 한 자기의 생명이 비록 자기 것이기는 하나 함부로 할 수 없다는 것은 종교의 가르침만은 아니다. 그래서 자살은 비난받는 행위이다. 결국, 경제현상으로 국한해 볼 때 '공정' 또는 '정의'라는 것은 철학적으로 정의하기 어렵다는 것이 이 3강에서 도출해 낼 수 있는 결론이라 하겠다. 그렇지 않다면 마이클 조던의 소득 재분배가 난관에 부닥칠 이유가 없을 것이다. 다시 말해 경제적 정의의 결정은 어느 정도 주관적인 판단을 배제할 수 없다는 뜻이기도 하다.

어쨌든 마이클 조던의 소득을 재분배해야 한다는 데에 사회구성원의 대다수가 동의한다는 것은 그 철학적 배경 유무와 더불어 현실이다. 그런데 어느 방향으로? 얼마 정도 할 것인가? 진짜 어려운 문제는 이것이다.

샌델의 3강에 소개된 원리론적 공리주의자의 경우 그 대답은 자명하다. 마이클 조던의 소득이 모든 사람의 소득과 완전히 동일해지도록 재분배하는 것이 그것이다. 그러나 자유지상주의자와 마찬가지로 이러한 극단적 재분배론에 동의하는 사람은 없을 것이다.

결국, 재분배를 하느냐 마느냐의 문제가 철학적으로 완전히 규명되기도 어렵지만 그보다 '어떻게 얼마나'의 문제에 대한 철학적 규명은 더욱 어렵다. 아마도 시장의 힘효율성에 대한 신봉이 비교적 강한 사람들은 재분배가 시장의 활력을 너무 떨어뜨리지 않는 선에서 이루어지는 것이 바람직하다고 판단할 것이다. 반면, 시장의 불공평성에 더 주의를 기울이는 측은 좀 더 과감한 재분배를 주장할 것이다. 철학이 이 문제에 대해 누구나 동의하는 명확한 기준을 제시해 주지는 못한다. 이는 주관적 가치판단과 아울러 정책이라는 기술적 판단과도 깊이 연관되어 있다 할 것이다.

THE WELFARE WE DREAM

불평등 해소를 위한 노력

분배의 문제, 평등의 문제를 한 두가지 지표로 결론 내릴 수는 없을 것이다. 그런데 이러한 사례를 들지 않더라도 현재의 상태보다 '더' 평등하고 공평한 사회를 지향해야 한다는 것은, 다분히 역설적이지만 불평등이 존재하는 한 추구해야 할 목표가 되지 않을 수 없다.

공평성은 어떻게 측정하나?

현재 우리가 사는 세상은 공평한 가? 만약 여론조사로 이에 대한 답을 구한다면 결과는 뻔하다. 대부분 불공평하다고 답할 것이니까. 그러나 이미 지적한 바와 같이 공평과 공정에 대한 객관적 정의를 내리기는 매우 어렵다. 결국 이에 대한 '모두가 동의하는' 답은 없는 셈이다. 따라서 이에 대한 답을 내리기 위해서는 한 사회의 공평성을 측정할 수 있는 '객관적' 지표가 필요하다. 이러한 지표의 대표적인 것으로는 지니계수, 앳킨슨 지수, 요소소득 분배율 등이 있다.[1] 지표들에 대한 자세한 논의는 이 책 2부의 손원익 박사 글 참조. 그리고 이러한 지표를 이용하여 공간적, 시간적 분배상태의 비교를 하게 된다. 지니계수가 높아지면 소득불평등도가 높아지고 낮아지면 평등도가 높아진다고 할 수 있다. 그런데 이때 '평등'이라는 것을 사실판단으로 받아들이느냐 가치판단으로 받아들이느냐 하는 것은 이 개념에 가치관이 반영되었느냐 아니냐의 문제와 연관된다. 전자는 그저 소득의 격차가 존재한다는 지표로 받아들이는 입장이 된다. 반면 지니계수가 0으로 표시되는 '완전 평등'이 바람직한 상태라고 보는 것은 모든 사람의 소득이 같아지는 것이 진실로 '평등'하다는 가치관을 내포하고 있다.

여기서 한 가지 짚고 넘어가야 할 것은 소득분배의 '완전한' 평등이 우리가 생각하는 평등사회 도달에 저해요인이 될 수 있다는 점이다. 이는 이미 존재하고 있는 '자산' 또는 '부'의 배분상태를 고려하지 않고 있기 때문이다. 사실 경제적으로 '평등'하고 '공정'한 사회는 궁극적으로 부의 분배가 평등하고 공정한 상태로 유지되는 사회일 것이다. 그런데 이미 부의 분배에 불평등이 있을 때 이를 소득분배를 통해 시정하기 위해서는 소득분배가 불평등해야만 한다. 현재 재산이 적은, 즉 가난한 사람이 부자를 따라잡기 위해서는 부자보다 훨씬 더 많은 소득을 얻어야 하기 때문이다. 만약 소득분배가 완전히 평등하다면, 즉 모든 사람의 소득이 똑같다면 부자와 빈자의 격차는 그대로 유지될 수밖에 없다. 이른바 불평등이 고착화되는 것이다. 여기서 볼 수 있듯이 사회의 실질적 평등의 문제옳으냐 그르냐를 떠나서는 일정시점의 소득분배 자체보다는 사회적 이동성Social Mobility [2]이

책에서 이 주제를 많이 다루지 못한 점은 아쉽다. 현재의 자본주의 체제의 사회적 이동성의 대소에 대한 많은 실증 연구가 있는 바 이동성이 높다는 결론이 많다. 구체적으로 자녀의 부모에 대한 소득 탄력성이 0.4이하인 결과가 많은데 이는 3代가 지나면 세대 간 소득 연관성이 거의 소멸된다는 것을 의미한다. 즉, 소득의 대물림은 3대이후 사라진다는 뜻이다. 이에 관해서는 Chul-

In Lee & Gary Solon, Trends in Intergenerational Income Mobility, *The Review of Economics and Statistics*, November 2009, 91(4). 참조.과 더 밀접하게 연관되어 있다.

이런 맥락에서 분배의 지표로는 자산의 분배 상태가 더 합리적이라고 보아야 할 것이다. 이러한 점에도 불구하고 자산분배의 불평등도를 측정하고 발표하는 경우는 많지 않다. 특히 우리나라는 이러한 통계가 매우 미비한데 그 이유는 통계의 확보 및 작성이 쉽지 않기 때문이다. 따라서 우리나라나 세계의 분배상태불평등도를 소득에 관한 지니계수로 파악하는 것이 일반적이다. 아울러 소득분배 지표가 한계는 있지만, 어느 정도의 분배상태 파악에 유용한 것도 사실이다.

이제 지니계수에 의해 우리나라의 소득분배 현황을 보면, 최근 10년간 지속적으로 분배상태가 나빠지다가 최근 좋아지는 것으로 나타났다.

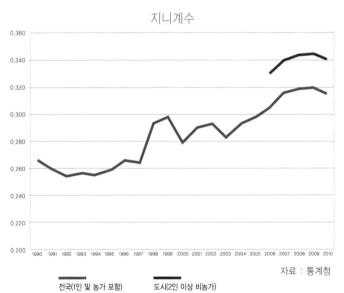

지니계수

자료 : 통계청

전국(1인 및 농가 포함)   도시(2인 이상 비농가)

한편, 소득재분배의 상태가 다른 경제체제에서 어떻게 다를 수 있는지를 보면 다음과 같다. 평등을 지상의 가치로 내세우던 과거 공산국 체제의 소득분배상태가 오히려 나빴던 것으로 나타난다. 물론 자료의 신빙성 등의 문제가 있으므로 이 결과만으로 체제의 분배기능을 평가하기는 어렵다는 문제가 남는다.

소득 불평등 국제비교

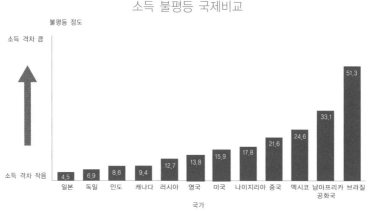

자료 : Human Development Report 2007/2008, 맨큐의 경제학 재인용.

분배의 문제, 평등의 문제를 한 두 가지 지표로 결론 내릴 수는 없을 것이다. 그런데 이러한 사례를 들지 않더라도 불평등은 인류 역사와 더불어 존재해왔다고 보는 것이 맞다. 그리고 이것이 자본주의 시장경제 체제하에서 특별히 더 악화되었다는 증거도 없다. 그러나 상대적으로 어떤 경제체제가 더 공평하냐 아니냐의 문제를 떠나 현재의 상태보다 '더' 평등하고 공평한 사회를 지향해야 한다는 것은, 다분히 역설적이지만 불평등이 존재하는 한 추구해야 할 목표가 되지 않을 수 없다.

복지지출에 소요되는 막대한 재원은 국민이 내는 세금이든 보험료 등의 부담금이 되든 국민들의 부담에 의해 충당될 수밖에 없다. 이것은 그 자체로서 각 개인에 대한 부담이기도 하지만 사회 전체의 부담으로도 작용한다.

복지국가 Welfare State

역사적으로 볼 때 자본주의가 발달하면서 과거의 시혜적 인보隣保수준의 복지정책이 국가 차원에서 체계적 복지로 바뀌게 된 것은 '복지국가'의 개념이 확립되면서부터이다. 서론에서도 지적했지만 이 개념이야말로 자본주의또는 시장에서 불평등을 최소화하자는 이념의 구체적 구현이라고 할 수 있다.

복지국가의 시작은 19세기 말 프로이센의 비스마르크가 군인연금 등의 공적연금을 도입했던 때나 20세기 대공황 이후 미국에서 국민연금Social Security을 도입했던 때로 보기도 하지만, 대체로 영국에서 베버리지 보고서 '요람에서 무덤까지' 라는 구호로 유명한가 채택된 때로 보는 것이 정설이다. 이후 이러한 체제가 서유럽각국으로 광범위하게 확산되면서 '유럽식' 이라는 수식어가 붙기도 한다. 그러면 복지국가란 구체적으로 무엇을 의미하며 그 특색은 어떠한가? 사실 복지국가가 어떤 것인가 하는 막연한 이해는 가능하지만, 그것이 구체적으로 어떤 것인지를 정의하기는 쉽지 않다. 심지어 "복지국가를 정의하는 것은 필자들을 혼란에 빠지게 한다."라는 말도 있다Nicholas Barr. 이와 같이 복지국가를 제대로 정의하기는 어렵고 또 관점에 따라 다를 수도 있지만 학계에서 대체로 정설로 받아들이는 것은 다음과 같다.

> 복지국가는 공공부문의 일부로서 사회보험, 공적부조 등 재분배관련 기제와 건강보험, 교육 등 재분배적 요소가 큰 사회적 재화 등을 포괄한다.
>
>   — Sandmo (1995)

이런 정의하에 복지국가를 좀 더 구체적으로 정의해 보면 다음과 같다. 복지국가란 국민들이 마주칠 수 있는 특정한 종류의 위험에 대해 공동 대처할 수 있는 사회적 장치들예: 국민연금, 산재보험과 어려운 계층에 대한 공적사회적 부조, 그리고 교육, 의료 등의 정책수단프로그램들을 원활히 공급하는 체제를 의미한다.3) 이 정의와 그 아래의 그림은 페스티유의 해석에 기초한 것이다. Pestieau, Pierre , "The Welfare States in the European Union"(2006). p4 참조

이를 그림으로 정리하면 다음과 같다.

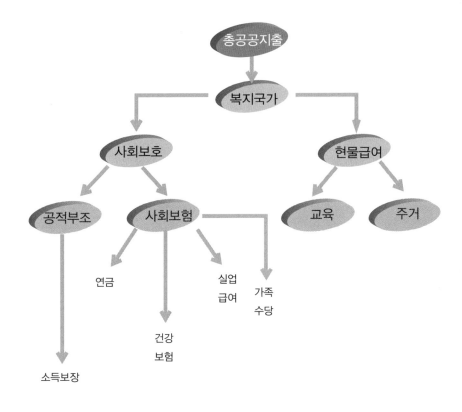

복지국가와 사회보호*social protection* - P.Pestieu, 전게서에서 인용

2차대전 이후 서유럽 국가들이 지속적인 제도의 정비와 확대를 통해 복지국가의 전형을 만들어 냈다는 것은 잘 알려진 사실이다. 예를 들어 아이가 태어나면 부모는 출산 장려금과 충분한 출산휴가를 받는다. 그리고 자녀가 취학전이면 공공 또는 민간 보육시설에 대부분 무상으로 위탁할 수 있고, 9년에서 12년에 이르는 무상 의무교육을 받을 수 있다. 또한 대부분 국가

는 대학교육도 무상이거나 매우 낮은 액수의 등록금 부담만으로 대학을 다닐 수 있다. 이와 같은 무상보육은 여성의 경제활동 참가 증대, 남녀평등의 확대와 같은 사회적 평등확대의 효과도 있다.

학업을 마치고 취업을 하게 되었을 때 혹시 실직하게 되면 관대할 정도의 실업급여를 받을 수 있으며 불의의 산업재해에 대비한 산업재해보상보험도 완비되어 있다. 은퇴하게 되면 그동안 납입했던 보험료에 합당한 연금을 사망 시까지 받게 되고 전 국민 건강보험에 의해 질병치료의 비용도 대부분 국가가 부담하게 된다. 그뿐만 아니라 저소득층 국민은 정부로부터 생계보조금도 받게 된다. 그야말로 요람에서 무덤까지 개인이 혼자 담당하기는 어려우니 필요한 것은 정부가즉, *사회 전체가* 책임을 지는 체제이다.

그러면 이러한 세상은 무한히 좋기만 할까? 아무리 이상이 좋다지만 현실이 그에 부합할 것인가? 세상의 모든 일이 그렇듯 여기에도 상응하는 비용이 있다. 첫째는 우선 늘어나는 국민부담이다. 복지지출에 소요되는 막대한 재원은 국민이 내는 세금이든, 보험료 등의 부담금이 되든 국민들의 부담에 의해 충당될 수밖에 없다. 이것은 그 자체로서 각 개인에 대한 부담이기도 하지만 사회 전체의 부담으로도 작용한다. 다시 말해 개인 부담의 단순총합 이외에 제도에서 초래되는 별도의 부담이 존재한다는 것이다. 경제학에서 말하는 이른바 초과부담*Excess Burden* 또는 사중손실*Deadweight Loss*이 그것인데 이는 조세부담금 포함 제도를 운영함에 따라 각 개인의 경제행위에 왜곡을 가져오고 이에 따라 사회 전체의 자원배분에 왜곡을 가져오기 때문에 생기는 것이다. 이와 관련하여 미국의 경제학자 오쿤은 유명한 '새는 양동이leaky bucket'로 이를 잘 표현한 바 있다. 이것은 부자로부터 가난한 사람에게 재분배가 이루어질 때 구멍 뚫린 양동이에 담긴 것과 같이 낭비되는 부분이 있다는 것을 의미한다.

> 돈이 부자로부터 가난한 사람에게 이전될 때는 반드시 구멍 뚫린 양동이
> 에 담겨진다. 이 중 일부는 이전과정에서 사라질 것이기 때문에, 가난한
> 사람은 부자로부터 이전되는 돈을 모두 전달받지는 못하게 된다.
> — Okun, Pestieu 앞의 책에서 재인용

사실 이와 같은 낭비는 두 방향에서 온다. 그 하나는 전술한 사회 전반의 비효율이다. 다른 또 하나는 복지전달체계의 비효율성이라 불리는 재분배 또는 전달기제의 불완전성에서 온다.

복지국가의 비용 두 번째는 수혜계층의 행태 변화의 문제이다. 자칫 잘못하면 자립의 의지를 갖기보다는 과도하게 복지 프로그램의 수혜에 안주하는 이른바 복지함정에 빠지게 될 수도 있다. 넓은 의미의 도덕적 해이에 해당하는 경우인데 실제 서구 복지국가에서는 이런 현상이 심각한 문제로 대두되고 있다.[4] 필자의 졸저 '경제이야기 정치이야기'에서는 영화에 나타난 이러한 행태변화를 소개하

고 있다. 유일호, '경제이야기 정치이야기' p75 미국에서 과거 대표적 무상복지 제도였던 '저소득층 가족 소득지원제도AFDC : Aid to Families with Dependent Children'를 한시제도인 '한시 저소득층 가족 지원제도 TANF : Temporary Assistance to Needy Families'로 전환한 것도 이러한 인식에 기초한 것이다.

복지국가의 이상과 현실이 어떻든 간에 이른바 '복지후발국'인 우리나라로서는 복지국가의 이상을 향해 나아갈 수밖에 없다. 어떻게 갈 것인가? 그 기본원칙은 복지국가의 이상을 구현하기 위한 치밀한 프로그램을 효과적으로 실행하되 그 부작용은 최소화하는 것이 될 것이다. 너무나 당연한 원칙이지만 현실에서 이러한 균형을 찾기는 정말 어렵다. 선진국에서 나타나는 현상들은 그 어려움을 잘 보여주고 있다. 후발주자인 우리로서는 선진국의 사례를 타산지석으로 삼아야 할 것이다.

결국 복지제도의 바람직한 발전을 위해서는 이 두 방안이 수혜계층의 성격 등을 감안하여 잘 조화되도록 제도를 설계해야 할 것이다.

현금지원 *이전*이냐, 현물지원 *이전*이냐?

재분배 정책 또는 복지프로그램의 많은 부분은 현금지원의 형태로 이루어진다. 우리나라의 대표적 저소득층 지원제도인 기초생활보장이나 미국의 TANF 같은 것이 그 대표적인 예라 할 수 있다. 한편 복지의 수혜계층에게 직접 서비스를 제공하는 경우도 많다. 미국의 식품권*food stamp*, 우리나라의 보육료 지원 등이 이에 속한다.

복지지출의 형태를 현금과 현물지원 두 가지로 하는 이유는 무엇인가? 각각의 경우 장점이 있기 때문이다.

우선 현금급여는 수혜자가 본인이 필요로 하는 곳에 스스로 선택하여 지출할 수 있다는 것이 최대의 장점으로 꼽힌다. 즉, 수혜액만큼 가처분소득이 늘어나는 것이 된다. 기초생활보장제도에서 볼 수 있듯이 일정한 금액을 받으면 이를 식비에 쓰든지 교통비로 쓰든지 마음대로 사용할 수 있다는 것이 장점이다. 경제학 이론에서는 이를 소비가능집합이 축소되지 않는 방안이기 때문에 좋은 대안으로 평가되고 있다. 반면 이 제도는 소비의 오용으로 대표되는 이른바 '도덕적 해이'에 의한 사회적 자원의 낭비를 가져올 수 있다는 단점이 있다. 예를 들어 가족의 생존을 위해 필요한 식비지출 대신 음주를 위한 주류 구입에 그 수혜액의 대부분을 지출한다면 기초생활보장제도가 목표하는 복지의 확충은 물 건너간 것이 되고 만다.

이런 문제 때문에 현금급여가 가지는 여러 장점에도 불구하고 현물급여를 동시에 활용하고 있다. 대표적인 예가 미국의 식품권food stamp제도이다. 이는 저소득층 주민에게 현금 대신 식품구입만 할 수 있는 식품권을 제공하는 제도인데 이렇게 되면 전술한 부작용은 사라지게 된다. 물론 이것으로 구입할 수 있는 식품의 종류는 엄격히 제한되어 있는데예를 들어 주류는 구입할 수 없다, 이것이 바로 도덕적 해이를 방지하기 위한 최소한의 장치라 할 수 있다.

다만, 현실적으로 이 제도의 악용을 완전히 방지할 수 없다는 취약점이 남아 있다. 실제 미국에서는 식품권이 암시장에서 할인된 가격으로 거래되는 것으로 알려졌다. 이 제도의 수혜자가 싼 가격으로 식품권을 판매하면 이를 사들인 업자가 다시 더 높은 가격에 되팔아 이윤을 획득한다. 반면 수혜자는 그렇게 해서 얻은 현금을 다른 용도로 지출하는데 바로 이것이 문제를 야기한다. 주류를 구입하는 것은 물론 마약류까지 손을 댄다는 이야기도 있다. 기본적으로 현물급여의 단점은 현금급여의 장점인 자신이 원하는 부분에 자유롭게 지출하는 것을 할 수 없다는 점이다*즉, 소비가능집합이 줄어든다는 것이다*. 물론 소비의 자유로움을 보장할 때 생길 수 있는 부작용이 현금급여의 단점인 것은 이미 지적한 바와 같다. 결국 복지제도의 바람직한 발전을 위해서는 이 두 방안이 수혜계층의 성격 등을 감안하여 잘 조화되도록 제도를 설계해야 할 것이다. 다른 장에서 설명하겠지만, 우리나라의 현행제도는 현금급여 위주로 되어 있어 현물급여의 비중을 늘릴 필요가 있는 것으로 지적되고 있다.

3

포풀리즘을 경계하라

"You cannot help men permanently by doing for them what they could and should do for themselves."
- Abraham Lincoln

국민 스스로 할 수 있고 또 해야 하는 일들을 국가가 영원히 대신 해 줄 수는 없다.

LINCOLN

그리스의 사례는 한번 늘어난 사회복지지출을 줄이는데 얼마나 큰 사회·경제적 비용이 드는지를 여실히 보여주고 있다. 아울러 그리스의 실례는 정치권력 역시 포퓰리즘에 한 번 빠지면 벗어나기 어렵다는 것을 잘 나타내주고 있다.

과도한 복지의 실패 : 포퓰리즘

시장이 '정의로운' 사회, '공정한' 사회를 보장하지 못하기 때문에 정부 국가가 적절한 정책수단을 통해 공정한 사회로 다가가야 한다는 것은 이미 밝힌 바와 같다.

그리고 그 정책수단이란 정부의 복지정책으로 포괄한다는 것과 그와 같은 복지정책의 수행이 의도와는 다른 부작용을 가져올 수 있다는 것도 이미 살펴보았다. 그러한 부작용이 국가나 사회가 감내할 정도의 수준을 넘어 국가를 파탄지경에까지 몰고 가는 경우가 있는데 그것이 바로 극단적인 포퓰리즘*populism*이다. 원래 포퓰리즘이라는 단어의 사전적인 의미는 '보통사람들의 요구와 바람을 대변하려는 정치적 사상과 활동'[1]'political ideas and activities that are intended to represent ordinary people's needs and wishes,' Cambridge

Dictionaries Online. 검색일 2011. 10. 11.이다. 하지만 최근에 '대중영합주의' 혹은 '인기영합주의'라는 의미가 포함되어 바람직하지 않은 측면이 강조되어 사용되는 것이 대부분이다. 그런데 대중의 뜻을 알고 이를 정책에 반영하는 것은 그 자체로 문제가 있다거나 바람직하지 않은 것은 아니다. 원래 민주주의가 국민의 뜻을 국가 정책에 반영하는 것이 아닌가? 그렇게 볼 때 '포퓰리즘' 혹은 '포퓰리스트'라는 것 역시 문제가 있다거나 바람직하지 않다고 말할 수는 없다.

그럼에도 '포퓰리즘'은 매우 부정적인 함의를 가지고 있는 것이 사실이다. 그 이유는 역사적으로 '포퓰리즘' 혹은 '포퓰리스트'임을 내세운 정치지도자 혹은 정당들이 지속 가능하지 않고 책임도 질 수 없는 '달콤한' 공약들을 내세우는 선동적인 정치행태를 통해 결과적으로는 그들과 그들의 정책을 지지한 국민을 고통에 빠지게 했기 때문이다. 이는 곧 민주주의의 후퇴로 이어지는 것이다.

포퓰리즘은 대중적 인기를 이용함으로써 선거에서 표를 얻어 정권을 잡거나 정권을 유지하는 데에는 매우 큰 효과를 나타내곤 한다. 특히 그 과정에서 선거철이 되면 돈을 풀어 경기가 좋아진 것처럼 보이게 하고 선거가 끝나면 이로 말미암아 경기침체가 생겨나는 악순환 즉 정치적 경기순환이 나타난다.[2] 안종범 외, 『재정포퓰리즘과 재정개혁』, 도서출판 금붕어, 2008. 이것이 더욱 심화되면 일시적인 경제성장과 회복 이후 급격한 인플레이션, 경제위기, 그리고 경제시스템의 붕괴까지 초래되는 것이다.[3] Rudiger Dornbusch and Sebastian Edwards, *The Macroeconomics of Populism in Latin America*, The University of

Chicago Press, 1991.

이러한 현상이 일어나는 기제와 과정을 돈부시와 에드워즈 *1991*는 다음과 같이 설명하고 있다.

포퓰리즘적 경제·재정정책을 도입한 남아메리카는 공통적으로 도입초기에는 생산증가, 실질임금의 증가, 그리고 고용증대와 같은 거시 경제적으로 성공적인 모습을 보인다. 그러나 곧바로 생산 확대의 과정에서 생기는 생산 요소 부족에 의한 장애bottleneck에 직면하게 되며, 이러한 장애로 인해 인플레이션이 가중되고 외환갭*foreign exchange gap* 등으로 인해 실질임금의 급격한 하락이 초래된다. 이는 정부정책에 대한 신뢰를 잃게 하는 결과를 가져오며 이에 따라 정책적 불안정성이 가중된다. 결과적으로 물가는 오르고 임금은 떨어지며 일자리는 줄어들어 국민만 고통을 받게 되는 것이다.[4] Rudiger Dornbusch and Sebastian Edwards, 위의 책.

지금부터 포퓰리즘적 경제·재정정책의 대표적인 사례로 거론되는 아르헨티나와 최근 경제위기를 겪고 있는 남유럽 국가들의 사례를 살펴보고 타산지석으로 삼기로 한다.

페론주의와 아르헨티나의 경험

아르헨티나에서 포퓰리즘은 후안 페론과 그의 정책페론주의, *Peronism*으로 대표된다. 1943년 군사쿠데타로 등장한 페론은 국방장관과 노동·사회복지 장관을 역임하며 노조와 노동운동을 합법화함으로써 노동자의 정치적 지지를 얻어 1946년 집권에 성공한다. 정권을 잡은 페론은 이전까지 경제의 대외종속으로 인한 많은 사회경제적 문제점들을 해결하기 위해 산업화를 통한 경제 성장단계에서 분배정책을 우선하여 노동법 제정, 노조의 합법화, 임금 상승 등과 건강, 연금 및 교육 분야에서 사회복지 조치 확대 등의 '혁신적인' 정책들을 추진하였다. 그리고 이것은 일단 어느 정도의 성공을 거두게 된다.

다음 표에 나타난 것처럼 단기적으로 페론정부의 저소득층에 대한 소득의 재분배 정책은 인건비를 상승시켰고, 전반적인 소비 욕구를 증대시켜 소비산업분야의 생산과 고용증대에 긍정적인 영향을 미쳤다.

[표 1] 페론집권기 아르헨티나 노동자 실질임금 추이[5)]

(기준 : 1943=100)

구분	1943	1944	1945	1946	1947	1948	1949	1950
숙련 노동자	100	105	87	91	104	124	118	113
비숙련 노동자	100	108	99	95	109	137	134	127
시간당 지불금	100	111	106	112	140	173	181	174

5) 최순화. (1991). 『페론의 勞動政策 硏究 : 1943-1955年을·中心으로』, 석사학위논문, 성균관대학교.

그런데 페론정부의 산업화는 대부분 농업수출에서 야기된 잉여분의 투자를 통해 이루어졌는데[6)] 하상섭, 『페론이즘의 변천과 아르헨티나 경제모델의 평가 및 전망』, 대외경제연구원. 2007. 이 부분에서 문제가 나타나기 시작했다. 페론의 집권 초기에는 곡물 수출가격이 약 2배로 상승하면서 높은 GDP 성장률을 이루었지만, 1948년 유럽이 전후 복구로 인해 수입 여력이 떨어지고 미국이 농업보호정책의 일환으로 아르헨티나로부터 수입을 금하는 등 수출 여건이 악화되면서 1949년 GDP 성장률이 -3.89%p까지 떨어졌다.

[표 2] 1944 ~ 1949년 아르헨티나 실질 GDP와 성장률[7]

(단위: 백만 페소, %)

구분	1944	1945	1946	1947	1948	1949
실질 GDP	4,579	4,356	4,665	5,089	5,252	5,047
실질 GDP 성장률	–	-4.86	7.09	9.10	3.19	-3.89

7) Reme, G., 'The Impact of Inflation on Society: A Case Study of Argentina', Diss. Wien U, 2010

이러한 수출 여건의 악화와 더불어 그간 노동자의 임금상승에 의한 국내 소비의 증가는 수출에 의한 잉여금을 많이 감소시켰고, 외화 부족사태의 원인이 되었다. 그러나 페론정부의 재정적자는 이미 농산물 잉여금으로 충당하기에는 부족할 정도로 크게 확장된 상태였다. 아울러 산업화를 지원하기 위한 추가 재원을 국채가 아닌 통화량 증대로 조달한 결과 1949년 물가 상승률이 약 31%에 이르는 등 거시경제정책의 실패로 인한 경제 전반의 위기가 나타나기 시작했다.

[표 3] 통화 및 CPI증가율[8]

(단위: 백만 페소, %)

구분	1945	1946	1947	1948	199	1950	1951	1952	1953	1954	1955
CPI 증가율	–	17.71	13.56	13.08	31.01	25.61	36.67	38.68	4.00	3.77	12.34
통화 증가율	20.3	30.8	21.2	34.3	27.7	25.4	21.3	13.8	24.0	16.3	17.6

8) Reme, G., 위의 글.

이러한 상황에서 사회보장제도의 전면실시, 무상교육 및
노동자들에 대한 무상의료와 휴가경비 50% 지원 등 페론정부가
도입한 복지정책은 재정에 커다란 부담으로 작용하기 시작했
다. 페론정부는 늘어나는 재정지출을 위한 추가적인 재원 마련
을 위해 조세수입을 증가시켜 1946년에는 GDP 대비 8.2%에서
1951년에는 15%로 증가시켰으나, 정부의 경상 및 자본지출은
1946년에 GDP 대비 16.1%에서 1951년에 20%로 더욱 더 증가하
였다. 이와 같이 조세수입보다 큰 재정지출은 당연히 페론의 재
임 기간 지속적인 재정 적자로 나타나게 된 것이다.

[표 4] 아르헨티나 정부의 세수입과 지출[9]

(단위: 백만 페소, GDP 대비 %)

구분	1946	1951	1961	1969	1973	1975~ 1977 평균
조세수입	4,625 (8.2)	6,928 (15.0)	7,798 (8.5)	7,678 (6.2)	7,021 (4.8)	7,184 (4.7)
경상 및 자본지출	9,085 (16.1)	12,641 (20.0)	7,982 (8.6)	10,123 (8.3)	14,956 (10.15)	15,438 (13.2)

9) 조세수입은 1950년 가격 기준임. Allen, J. C. and Weaver, F.S., "The Fiscal Crisis of the Argentine State," *Latin American Perspectives,* Vol. 6, No.3, p.41, 1979.

[표 5] 1945~1955년 아르헨티나 재정적자[10]

(단위: GDP 대비 %)

구분	1945	1946	1947	1948	199	1950	1951	1952	1953	1954	1955
재정적자	4.6	6.9	5.8	13.4	9.8	5.5	4.5	5.6	8.8	8.5	6.9

10) Reme, G., 앞의 책.

페론 재임 기간동안 복지정책은 지속적으로 유지되었으나 경제·재정정책의 실패로 인한 실질 임금의 하락은 대중으로부터 신뢰를 잃는 원인이 되었고, 마침내 1955년 군사 쿠데타에 의해 페론정권은 전복되고 말았다. 그럼에도 1973년, 18년 만에 재집권한 페론과 페론주의자들은 아르헨티나의 근본적인 경제 구조부유층 독점의 농업부문를 무시하고 도시 노동계층과 영합하여 노동조직 강화, 임금인상, 사회보장 제도 확대 운영 등으로 노동권력의 폭력화를 초래하였으며 공공부문의 확대, 환율 과대평가 등으로 또다시 경제를 파국으로 이끌어 가기 시작하였다.

임금은 정부 주도 아래 대폭 상승함에 따라 1973년, 1974년 각각 실질임금은 6.3%, 12.9% 상승하여 1958년 이래 최고 수준에 달하였으나, 이러한 페론주의의 수요증대정책 및 고임금정책은 구조적으로 내재해 있던 인플레이션을 촉발시켜 1975년, 1976년 소비자물가상승률은 각각 170.6%, 444.1%를 기록하였으며, 결국 실질임금도 5.9%, 32.7% 하락하는 결과를 낳았다.[11]

송하율. (1987). 아르헨티나 民政期의 勞動紛糾와 波及影響. 世界經濟動向, 5(12), 7.

[표 6] 1970년대 페론정부의 성장률 및 물가·임금상승[12]

(단위 : %)

구 분	1972	1973	1974	1975	1976
실질 GDP 증가율	1.9	3.6	7.5	-2.1	-3.2
물가상승률	58.5	60.3	24.2	170.6	444.1
실질임금상승률	-4.9	6.3	12.9	-5.9	-32.7
정부지출증가율	60.4	110.3	52.1	249.0	387.9
재정적자/총지출	28.1	49.5	49.8	73.1	58.7

12) 송하율, 위의 글.

더불어 초기의 경제 호조에 바탕을 두었던 소비, 재정의 수요부문이 실질임금 하락, 긴축재정에 의해 억제됨으로써 1975년 이후 마이너스 성장을 기록하게 되었으며, 1975년 수출격감으로 22억 8천만 달러의 경상수지 적자를 기록하고, 보유 외환이 고갈됨으로써 수입대금 지불능력 및 외채상환 불이행의 위기를 초래하게 되었다.[13] 송하율, 위의 글.

[표 7] 국제수지 추이[14]

(단위 : 백만 달러, %)

구 분	1972	1973	1974	1975	1976
수 출	2,315	3,723	4,583	3,532	4,560
수 입	2,201	2,624	4,125	4,390	3,518
무역수지	114	1,099	458	-858	1,042
경상수지	-227	711	118	-2,287	651
외채	5,392	6,366	8,089	9,149	9,738
외환보유고	313	1,149	1,144	288	1,445

14) 송하율, 위의 글.

페론정권 말기이며 군사정부 출현 직전인 1976년 연간 인플레이션율은 566%, 외채는 100억 불, 재정적자가 국내 총생산의 15%를 차지하고 경제성장률은 마이너스 6%를 기록했지만, 공공부문 고용은 1974년부터 2년간 24%나 증대되었다. 결국 아르헨티나에서 페론주의 실험은 실패로 끝났다. 포퓰리즘적 경제·재정정책은 집권 초 제시했던 안정화와 재분배, 성장과 삶의 질 향상이라는 목표를 달성하기는커녕 그 정반대의 현상이 벌어졌다.15) Rudiger Dornbusch and Sebastian Edwards, 위의 책. 그런데 오늘날 페론주의 정당은 다시 집권에 성공하였다. 과연 포퓰리즘의 폐해에서 벗어날 수 있을 것인가? 최근 현 페르난데스 대통령이 포퓰리즘적 기조에서 벗어나려 한다는 보도가 있었다. 지켜볼 일이다.

남유럽 PIIGS의 재정위기

아르헨티나처럼 무책임한 정치논리가 경제논리를 압도하게 되면 국민경제의 위기와 국가발전의 대폭 후퇴가 불가피하게 된다. 그런데 아르헨티나와 같은 극단적인 형태는 아니지만 장기간에 걸친 포퓰리즘적 행태가 경제위기의 중요한 원인으로 작용한 경우가 최근 경제위기를 맞게 된 남유럽국가들PIIGS이다.

남유럽 국가들PIIGS의 경우 2009년 말부터 재정악화가 심각한 문제로 대두되더니 급기야는 경제위기로까지 확산되고 있다. 이를 해결하기 위해 그리스와 아일랜드, 그리고 포르투갈이 IMF와 EU로부터 구제금융을 받으면서 강도 높은 구조조정을 이행하고 있기는 하다. 그러나 최근 그리스에 대한 유럽국가들의 지원방향을 둘러싼 혼선과 그리스 국내의 개혁에 대한 저항, 여기에 스페인, 이탈리아 등 남유럽 국가들의 재정위기 가능성까지 겹쳐 불안은 여전히 완전하게 해소되지 못하고 있으며 국제금융시장의 불안정은 심화되고 있다. 이러한 남유럽 국가들의 위기의 원인은 우선 유로화 도입 이후 대외경쟁력이 약화되면서 경상수지 적자폭이 확대되고 이것이 대외부채 증가로 이어진 것으로 진단되고 있다.

유로화 도입과 경기 상승기가 맞물리는 과정에서 국채수익률이 하락하여 신용팽창과 과도한 소비증가가 발생하였으며, 이러한 소비성향의 확대는 가계저축을 줄이고 건설투자와 설비투자를 확대해 저축과 투자간 불균형을 일으켰다. 남유럽 국가들은 유로화 도입 이후 실질실효환율이 상승하고, 임금상승률이 생산성을 웃도는 상황이 10년 이상 지속하면서 대외경쟁력이 약화되고 막대한 경상수지 적자가 발생하였다. 이런 상황에서 높은 국가채무에 글로벌 금융위기 대응으로 인한 재정지출 확대와 조세수입 감소가 겹친 결과가 바로 현재의 사태라 하겠다. 16) 국회 예산정책처 조사분석 회답, 남유럽 재정위기의 현황, 원인 및 정책시사점.

[표 8] PIIGS 국가들의 재정지표

(단위 : GDP 대비 %)

구 분	재정수지		국가부채	
	2009	2010	2009	2010
그리스	-12.7	-10.4	112.6	147.3
아일랜드	-12.5	-32.4	65.8	102.4
이탈리아	-5.3	-4.5	114.6	126.8
포르투갈	-9.3	-9.2	77.4	103.1
스페인	-11.4	-9.2	54.3	66.1

　　그런데 PIIGS 국가들의 경제위기의 중요한 원인 중 하나로 사회보장지출 비중과 공공부문 임금 비중이 높은 데에 기인한 재정위기가 지목되고 있다. 이러한 포퓰리즘적 지출증대는 재정의 탄력적인 운용과 재원배분의 효율성을 저해했다는 것이다.[17] 국회 예산정책처 조사분석 회답, 앞의 글. 예를 들어 2007년 기준 그리스와 이탈리아의 공공 사회복지지출은 GDP 대비 21.33%, 24.86%로 OECD 평균(19.26%)을 상회하고 있다.

[표 9] OECD 국가의 공공 사회복지지출(2007년)[21]

(단위: GDP 대비 %)

구분	전체	노령	유족	장애	보건	가족	적극적 노동시장	실업	주거	기타
그리스	21.33	10.02	2.00	0.89	5.86	1.09	0.17	0.46	0.46	0.39
아일랜드	16.31	3.11	0.81	1.75	5.80	2.59	0.64	0.98	0.28	0.36
이탈리아	24.86	11.74	2.41	1.73	6.65	1.40	0.45	0.44	0.02	0.03
포르투갈	22.52	9.23	1.60	2.38	6.64	1.15	0.51	1.00	0.09	0.25
스페인	21.58	6.54	1.92	2.53	6.06	1.23	0.73	2.12	0.18	0.27

구분	전체	노령	유족	장애	보건	가족	적극적 노동시장	실업	주거	기타
영국	20.54	5.77	0.14	2.44	6.84	3.24	0.32	0.20	1.43	0.17
스웨덴	27.30	8.98	0.54	5.02	6.58	3.35	1.10	0.67	0.47	0.59
덴마크	26.10	7.28	0.01	4.35	6.51	3.29	1.31	1.92	0.69	0.74
독일	25.16	8.65	2.06	1.89	7.85	1.83	0.72	1.38	0.61	0.17
프랑스	28.40	11.06	1.75	1.75	7.49	3.00	0.90	1.36	0.76	0.35
미국	16.20	5.30	0.70	1.31	7.24	0.66	0.11	0.33	–	0.55
일본	18.70	8.79	1.30	0.79	6.30	0.79	0.16	0.31	–	0.26
한국	7.53	1.61	0.25	0.55	3.50	0.46	0.13	0.25	–	0.77
OECD 평균	19.26	6.45	0.97	2.14	5.82	1.95	0.46	–	–	0.70

18) OECD, Social Expenditure Statistics, 2010, 국회 예산정책처 재인용.

결국, 그리스의 재정위기는 표를 얻기 위해 국민에게 과도한 복지를 제공한 정치권과 그들이 제공하는 '단맛'에 길든 국민의 합작품이라고 해도 과언이 아니다.[19] 한국경제, '유럽 위기의 진앙 그리스를 가다 : 생애최고 연봉의 95%를 연금으로, 공무원 지각 안 했다고 수당'. 2011. 7. 25. 참조 예를 들어 그리스의 퇴직연금은 소득대체율이 95%에 이른다. 즉, 은퇴 후 소득이 근로 시기의 평균소득에 거의 맞먹는다는 뜻이다. 선진국의 소득대체율이 40% 전후이고 우리나라도 50% 정도인 것에 비교하면 너무 높은 수준이다. 이렇게 되면 연금재정이 파탄 나지 않는 것이 오히려 이상할 지경이다.

또 그리스 전체 인구의 23%인 260만 명이 연금으로 생활하고 있으며, GDP의 12%에 이르는 비용이 연금지급에 사용된다. 2008년 재정위기 이후 그리스 정부는 연금공단의 수를 13개로 줄였으나, 그리스의 연금공단은 한때 155개에 이르렀으며, 여기서 발생하는 적자를 모두 국가가 보전해줬다. 이러한 방만한 연금혜택은 필연적으로 조기 퇴직으로 이어지게 되어 있다. 그리스의 공식 은퇴연령은 65세이지만 연금보험료 납부기간이 20년을 초과하면 연금에 불이익을 받지 않는 탓에 퇴직연령은 60세 전후로 OECD 국가 중 가장 빠른 축에 속하며, 공무원의 실제 퇴직연령은 55세로 추산되고 있다.[20] 경향신문, '복지국가를 말한다 : 실패한 그리스 연금제도, 고소득층만 특혜', 2011. 5. 30. 참조

더불어 그리스의 복지제도가 내세우는 자랑거리 중 하나인 무상교육 역시 많은 문제를 가져오고 있다. 그리스는 대학의 학부와 대학원의 석·박사과정도 등록금뿐만 아니라 기숙사비까지 무상으로 지원받는다. 문제는 이렇게 배출된 인재가 갈 곳이 없다는 점이다. 그리스에서는 매년 8만 5,000명의 대학 졸업생이 사회에 나오지만 2011년 상반기 청년실업률15세~24세은 43%에 달한다.[21] 조선일보, '그리스, 대학원까지 무상…졸업하면 실업자', 2011. 11. 3. 참조 또한 실업률을 낮추기 위해 과도하게 공무원 수를 늘린 것이 재정적자를 부추겼다는 지적도 있다. 그리스는 관광과 해운 이외에는 변변한 산업이 없다고 평가된다. 따라서 기업이 만들지 못하는 일자리를 정부가 대신 제공해 왔으며, 필요하지도 않은 일자리를 마구 늘려왔다.[22] 조선일보, 위의 기사 참조 그 결과 그리스 노동인구 4명 중 1명85만 명이 공무원이며[23] 조선일보, 위의 기사 참조, 공공부문 종사자의 25%가 과잉인력으로 분류할 수 있다고 지적된다. 그리스 국민에게 지급되는 봉급 중 공무원 봉급이 차지하는 비중은 33%에 이르며, 이는 OECD 평균 20%를 10%p 이상 웃도는

수치다.

그리스의 예를 들었지만, 다른 PIIGS 국가들 역시 정도의 차이는 있을지라도 유사한 상태에 있다고 할 수 있다. 물론 이들 국가의 재정위기가 아르헨티나의 경우와 같다고는 할 수 없다. 그러나 이들 역시 포퓰리즘적 경제운용의 폐해를 겪는다고 하는 것은 틀린 말이 아니다. 즉, 방만한 재정운용으로 인한 재정의 급격한 악화와 재정이 위기로 치달을 때까지 국제기구가 권고하는 재정적자 감축 등을 제대로 이행하지 못함으로써 국제금융시장의 신뢰를 잃게 된 것이 문제의 본질이며, 그 근본 원인은 포퓰리즘에 있다는 것이다.

어쨌든 이러한 문제를 뒤늦게나마 해결하려는 노력이 지속되고 있다. 그리스는 재정적자를 줄이고 국가부도사태를 피하기 위한 노력의 하나로 공공부문의 축소를 대대적으로 추진하고 있다. 그런데 문제는 감축에 저항하는 격렬한 시위와 총파업이 끊이지 않고 있다는 점이다. 10월 19일~20일 총파업을 전후로 그리스 전역을 마비시킨 거리투쟁에서는 85만 명의 공무원이 선봉에 섰다. 공기업 직원, 연금재단, 교사뿐만 아니라 경찰과 해양경비대원, 소방공무원까지 시위에 참여했으며, 판사들까지도 오후 재판을 중단하는 등 대대적인 반발에 직면하고 있다.[24] 조선일보, '일자리 못 늘린 그리스, 공무원만 늘렸더니…공무원들, 돌을 들었다', '재판 안 합니다, 판사도 파업합니다'. 2011. 11. 3. 참조 이러한 그리스의 사례는 한번 늘어난 사회복지지출을 줄이는데 얼마나 큰 사회·경제적 비용이 드는지를 여실히 보여주고 있다. 아울러 그리스의 실례는 정치권력 역시 포퓰리즘에 한 번 빠지면 벗어나기 어렵다는 것을 잘 나타내주고 있다. 이런 과도한 복지지출 증대는 그리스의 민주화 이후 집권한 파판드레우현 총리의 아버지 정권 때부터 시작되었다. 문제는 그 이후 집권한 우파 정권 때도 정책노선이 계승되었다는 점이다. 그 이유는 물론 표만을 의식한 정치세력들의 집권전략 때문이다. 그리고 이후 재집권한 현 파판드레우 총리의 좌파 정권에서 그동안의 잘못된 정책의 폐해가 한꺼번에 터져 나온 것이다.

이것은 과도한 복지지출을 과감히 줄인 우파 또는 보수파 정권의 정책을 대부분 계승한 여러 선진국의 좌파정부와는 정반대의 사례라는 점에도 주목할 필요가 있다. 영국의 대처와 메이저로 이어지는 보수 정권에 이어 집권한 블레어의 노동당 정부는 과도한 지출 삭감 같은 보수당 정책을 그대로 계승하였으며 미국의 클린턴 행정부 역시 레이건과 부시로 이어지는 공화당 정권의 사회정책을 유지하는 것은 물론 공공부조 개혁에서 한 발 더 나가기까지 했다다음절 참조. 또한, 뉴질랜드의 사회당 정부가 전임 보수당 정부의 개혁조치를 그대로 유지한 것도 대표적인 사례로 꼽히고 있다. 이렇게 볼 때 정치세력 또는 정치인이 올바른 비전과 정책을 추구하는 것이 국가의 앞날에 얼마나 중요한가 하는 것을 실감할 수 있다 하겠다.

이 법은 그야말로 베버리지 보고서로 대표되던 영국 복지제도의 기본방향을 바꾸는 의미가 있었을 뿐 아니라 실제 그와 같은 효과가 있는 것으로 평가된다. 다만 지방세인 인두세를 도입한 것은 정치적인 반발을 가져왔고 대처 수상의 사임까지 초래하게 되었다.

영국 : 전형적 복지국가로부터의 전환

이미 지적한 바와 같이 영국은 베버리지 보고서가 발표된 나라로 이에 따른 복지제도를 가장 먼저 완비하여 유럽식 복지국가의 선도국가, 모범국가라고 간주되어 왔다. 실제 공산권을 제외한 유럽의 모든 국가가 영국의 사례를 따라 복지제도를 갖추어 왔다고 해도 과언이 아니다. 케인즈 경제이론에 기초한 복지국가체제하에서 1950년대와 60년대 영국의 복지국가는 국민에게 실질적인 복지혜택과 더불어 경제, 사회적인 안전망을 제공하였다.[25] 권혁주, '영국 복지개혁의 소득재분배효과 : 쎄처 정부시기를 중심으로(1979~1991)', 『한국행정학보』 제32권 제1호, 1998.

영국식 복지국가가 안정적으로 발전했던 이유는 생산과 소비의 안정적 증대에 기초한 고도성장이라는 경제적 기반이 있었기 때문이었다.[26] 김영순, 『복지국가의 위기와 재편』, 서울대학교 출판부, 1996. 이러한 경제적 기반에서 소득상실을 보완해 주는 사회보장 프로그램과 의료, 탁아 등 사회서비스 프로그램, 그리고 주택, 교육, 가족보조 등의 수급권이 모든 시민에게 주어지는 보편적 프로그램으로 자리 잡게 되었다.[27] 김영순, 위의 책. 그러나 전후 세계경제의 호황과 이에 따른 경제성장이 더는 지속되지 않게 되자 이러한 복지제도의 운영은 큰 어려움에 직면하게 되었다. 다시 말해 복지정책이 더 이상 지속 가능하지 않게 된 것이다.

실제로 1970년대 들어 오일쇼크 등 대내외적인 위기가 닥치자 영국뿐 아니라 전 세계 경제가 침체기로 돌입하게 된 것은 잘 알려진 사실이다. 이런 상황에서 비대한 정부조직과 복지지출을 포함한 방만한 정부지출은 바로 재정적자의 확대로 이어졌다. 혹자는 이를 '통치불가능ungovernability'까지 이르는 것으로 지적하기도 하였다.[28] 권혁주, 앞의 글. 아울러 인구 고령화 및 실업자 증가 등에 따른 사회지출의 급격한 증가는 재정에 큰 압박으로 작용했다. 경제상황이 나빠지면 반드시 증가할 수밖에 없는 사회보장비와 보건의료비, 그리고 주택보조 등 사회지출은 큰 폭으로 늘어나 재정지출과 그에 따른 적자폭을 더욱 확대하는 요인이 되었으며, 급기야 1976년 IMF의 구제금융을 받는 상황까지 이르게 되었다.[29] 권혁주, 앞의 글.

이것이 바로 영국병이라고까지 불리던 문제였다. 결국 영국 국민은 정치권에 문제 해결을 요구하게 되었고, 그 결과 1979년 마가렛 대처와 보수당이 정권을 잡게 되었다. 대처의 보수당 정부는 집권 후 대대적인 정부개혁과 복지부문의 개혁에 착수하게 되었는데 그 내용을 요약하면 다음과 같다.

우선 사회보험과 공적부조 등 광의의 사회보장 전반에 관한 개혁에 착수하였다. 그 기본방향은 불요불급하거나 과도한 복지혜택을 축소함으로써 사회보장의 수급액과 임금 차이를 크게 하여 노동시장으로의 참여를 유도하자는 것이다. 이를 위해 기본수당과 보조금으로 구성되어 있던 실업수당, 질병수당을 기본수당만으로 축소하고 기본연금을 소득증가에 연동시키지 않고 물가에 연동시키는 등[30] 우리나라는 사학연금, 공무원 연금 등의 공적직역 연금 역시 연금액이 소득증가에 연동하였으나 최근의 개혁에 의해 물가연동으로 전환되었다. 의 조치를 하였다. 이외에도 많은 개혁이 단행되었지만, 이 모든 것을 종합하는 핵심적 조치는 1986년 제정된 사회보장법인 바 그 주요 내용을 요약하면 다음과 같다.

1. 사회부조 혜택을 지급하기 위한 소득평가means-test를 일원화하여 불필요한 지급사례를 없애고,
2. 가족수당을 가족소득보조로 전환하면서 소득평가선을 낮추어 실질 수령자를 줄이고,
3. 수당 수령액의 20%는 지방세인 재산세로 납부하고,
4. 소득에 관계없이 인두세인 지방세Community Charge를 납부하도록 하고 있다.[31] Howard Glennerster, *British Social Policy since 1945*, Oxford: Blackwell, 1995. 권혁주(1998)에서 재인용.

이 법은 그야말로 베버리지 보고서로 대표되던 영국 복지

제도의 기본방향을 바꾸는 의미가 있었을 뿐 아니라 실제 그와 같은 효과가 있는 것으로 평가된다. 다만 지방세인 인두세를 도입한 것은 정치적인 반발을 가져왔고 대처 수상의 사임까지 초래하게 되었다.

[표 10] 영국의 사회지출 증가 추이[8]

(단위 : 백만 파운드)

연도	합계	사회보장	교육	보건의료	주택
1950	1,914	674	431	478	341
1952	2,316	825	519	510	440
1954	2,540	922	579	543	467
1956	2,905	1,087	725	641	415
1958	3,399	1,345	864	728	412
1960	3,899	1,448	1,002	861	490
1962	4,590	1,744	1,271	971	529
1964	5,671	2,099	1,532	1,132	816
1966	6,883	2,577	1,841	1,375	979
1968	8,546	3,339	2,247	1,656	1,157
1970	10,179	3,921	2,703	1,979	1,319
1972	13,161	5,120	3,569	2,593	1,509
1974	20,455	6,836	4,875	3,845	4,209
1976	31,367	11,236	7,749	6,090	5,114
1978	39,168	15,799	9,000	7,619	5,278
1980	55,384	22,211	12,396	11,494	7,156

32) 현외성 외, 『복지국가의 위기와 신보수주의적 재편』, 대학출판사, 1992.

다음으로, 공공임대주택의 개혁을 단행하였다. 공공임대

주택은 저소득층의 주거보장에 가장 효과적인 정책으로 간주되었다. 그 결과 여러 국가특히 유럽의 선진국가 공공임대주택 확충을 위해 많은 노력을 기울여 왔으며, 영국은 그 중에서 공공주택부문의 비중이 가장 높은 수준을 나타낸 국가 중의 하나였다. 그러나 실제 대부분 국가의 공공임대주택정책은 실패한 것으로 평가된다. 그 이유는 주택부지의 지가가 저렴한 지역에 충분한 기반시설 없이 값싼 주택건설에만 치중한 결과 저소득층 집단 거주지역의 슬럼화만 가져왔기 때문이다. 영국 역시 이러한 문제에 직면하게 되어 대처정부는 공공주택부문에서 가장 큰 재정삭감을 실시했다. 구체적으로 주택에 대한 보조금을 삭감하고, 공공임대주택의 매각도 대대적으로 추진하였다.[33] 이상은, '영국 대처정권하 사회정책의 변화와 그 평가', 『동향과 전망』제20호. 1993. 그 결과 주택에 대한 순 공공지출은 1978/9년 GDP 대비 3.2%에서 1988/9년 1.6%로 감소하였다.

[표 11] 주택에 대한 실질 순공공지출

(단위 : 1987/8년 가격으로 1조 파운드, %)

구 분	78/9	79/80	80/1	81/2	82/3	83/4	84/5	85/6	86/7	87/8	88/9
총공공지출	11.2	11.8	10.3	8.4	8.1	8.4	8.5	8.1	8.0	7.8	7.0
GDP 비율	3.2	3.2	2.9	2.4	2.3	2.3	2.3	2.1	2.0	1.8	1.6

다음으로, 대처의 보수당 정부는 대대적인 의료개혁을 단

행하였다. 1948년 성립된 영국의 국민보건서비스*National Health Service*는 재활을 포함한 포괄적인 의료서비스를 제공하는 국영 의료체계로 복지국가 의료보장체계의 전형으로 간주되어 왔다. 그러나 노인인구의 증가 등으로 인한 국민의료비의 급격한 증가는 재정의 큰 부담으로 나타나기 시작했다.

다음의 표에서 볼 수 있듯이 영국의 NHS 지출의 GNP 대비 비율은 1949년 3.92%에서 1979년에는 5.34%로 증가하였다.[34] 현외성 외. 앞의 책. 아울러 의료서비스의 질적 저하에 대한 국민의 불만도 매우 높아졌다. 이를 해결하기 위해 대처정부는 의료서비스의 민간부문에 대한 위탁을 높이고, 본인부담요금을 증가시켰다. 더불어 민간의료보험의 활용을 장려하였으며, 이를 통해 NHS에 대한 정부의 재정지출을 큰 폭으로 삭감하였다.

[표 12] NHS 지출 증가율 비교[11]

(단위 : %)

NHS	노동당(1974~79)	보수당(1979~84)
병원서비스(진단, 치료)	34.20	10.34
병원서비스(지원)	17.69	-3.71
가정 서비스	6.68	10.51

35) 현외성 외. 앞의 책.

이외 사회서비스 부문에서도 직접적인 서비스 급여를 감축·제한하고, 정부의 책임을 감소시키며, 사적서비스를 권장·확대하는 방향으로 정책전환이 이루어졌다. 이와 같은 개

혁을 통해 이 기간 재정지출은 감소하고 정부부채는 대폭 축소
되게 되었다. 다만, 고령화와 실업증가로 인한 복지지출의 자연
증가로 재정지출 축소의 노력이 기대했던 만큼 성과를 내지 못
했다는 지적도 있다.36) 권혁주, 앞의 글. 이렇게 많은 노력에도 재정적
자 축소가 목표했던 대로 이루어지지 않았다는 것은 한 번 도입
된 복지제도의 효율화가 힘들다는 것을 보여주는 것이기도 하
다.37) 대처정부 집권기 동안 급격한 삭감이 아닌 복지지출의 완만한 정체경향은 흔히 '복지국
가의 불가역성(irreversibility of the welfare state)'을 보여주는 근거로 제시된다.

[표 13] 영국의 일반정부 재정 추이[14]

(단위 : GDP 대비 %)

연도	재정수입	재정지출	정부부채
1978	43.28	49.25	5.71
1979	45.03	50.71	7.53
1980	47.42	53.39	6.25
1981	49.05	53.38	4.95
1982	50.84	54.37	2.31
1983	49.49	53.78	4.52
1984	48.78	45.16	3.67
1985	48.78	51.51	2.46
1986	48.30	50.14	0.71
1987	47.41	45.50	n.a.
1988	47.48	45.26	n.a.
1990	45.67	44.76	0.45
1991	44.72	44.90	1.60

38) 권혁주의 앞의 글.

복지제도 개혁은 미국에 있어 시대적 요구였다고 할 수 있다. 이러한 복지제도 개혁의 요체는 한마디로 '일하는 복지workfare'라고 할 수 있다. 복지제도의 수혜자가 근로능력이 있는 경우 경제적 유인과 수급기간제한을 통해 빨리 탈수급을 할 수 있도록, 즉 다시 노동시장에 참여할 수 있도록 유도하자는 것이다. 동시에 이렇게 참여한 근로자들의 자립의지를 높이기 위해 저임금 근로자에 대한 지원은 강화하였다.

미국 : AFDC에서 TANF로

미국은 대공황 이후 사회보장제도의 도입 등을 시작으로 복지제도를 갖춰나가기 시작했다. 그럼에도 불구하고 유럽보다 상대적으로 기회의 균등을 강조하는 체제였던 관계로 제2차 세계대전 후에도 유럽식 복지국가와는 다른 발전상을 보여왔다.

1960년대 존슨행정부의 위대한 사회Great Society운동을 기점으로 공적부조를 포함한 대부분 복지제도가 완비되게 되었다. 그런데 유럽의 경우와 마찬가지로 미국 역시 스테그플레이션stagflation의 진행 등 경기침체와 맞물려 재정적자 축소와 복지제도 효율화의 요구가 커지게 되었다. 이런 시대배경에서 레이건 행정부가 등장하게 되었고, 이에 따라 복지제도도 많은 개혁이 이루어졌다. 여기서 주목할 것은 민주당 소속이며 진보적

정치성향인 클린턴 행정부도 복지제도 개혁을 계속하였다는 점이다. 물론 1994년 중간선거 이후 공화당이 상하 양원의 다수당이 되는 정치환경 변화도 있었지만, 민주당 정권도 적극적으로 추진하였다는 측면에서 당시의 복지제도 개혁은 미국에 있어 시대적 요구였다고 할 수 있다. 이러한 복지제도 개혁의 요체는 한마디로 '일하는 복지workfare'라고 할 수 있다. 복지제도의 수혜자가 근로능력이 있는 경우 경제적 유인과 수급기간제한을 통해 빨리 탈수급을 할 수 있도록, 즉 다시 노동시장에 참여할 수 있도록 유도하자는 것이다. 동시에 이렇게 참여한 근로자들의 자립의지를 높이기 위해 저임금 근로자에 대한 지원은 강화하였다.

클린턴 행정부가 추진한 복지제도 개혁의 대표적인 것은 1935년 사회보장법이 제정된 이후 미국 공공부조의 중심제도였던 부양아동 가족부조제도 AFDC를 빈곤가구 일시부조 TANF로 대체한 것을 들 수 있다. 이 개혁은 미국 공적부조 역사상 가장 큰 변화라고 할 수 있는데 이하에서는 이에 대해 설명하고자 한다.

우선 구 제도라 할 수 있는 AFDC하에서는 아동을 양육하는 빈곤한 가정에 현금급여를 제공하는 것으로 기간이 제한되어 있지 않고 일정한 소득기준만 충족시키면 급여를 받을 수 있었다. 39) 이하 AFDC와 TANF의 내용에 대해서는 이진숙 · 박애선, '자유주의 복지국가의 근로연계복지제도에 대한 비교연구'(2010) 참조. 그러나 1960년대와 1970년대 들어서면서 AFDC 급여의 수급자 수가 급격하게 증가하여 1950년대 230만이던 수급자는 1960년대 300만, 1970년대 960만 명이 넘었고, AFDC 수급자 수가 증가한 동시에 이들에 대한 사회적 불신과 비판도 점차 증가하였다. 그 이유는 근로 능력이 있는 사람은 일해서 얻은 수입으로 생활을 영위해 나가야 한다는 미국 사회의 가치관과 어울리지 않게 근로 능력은 있으나 근로에 의하지 않고 복지급여로 생활하는 미혼모의 수가 꾸준히 늘어났고, AFDC가 처음 시작될 때 수급자 집단을 대표한 것은 전쟁미망인이었으나, 시간이 지남에 따라 점차 이혼녀, 미혼모 집단으로 교체되면서 이들의 수가 급격히 증가하였기 때문이다. 이러한 현상은 필연적으로 사회적 여론의 악화를 야기하였다. 그리고 1960년과 1970년대로 이어진 장기적 경제호황에도 AFDC 수급자들의 대다수를 점유하는 미혼모들의 취업은 늘어나지 않았다는 점 역시 AFDC 프로그램에 대한 사회적 불신과 비판으로 나타났다.

이러한 문제 인식하에서 클린턴 행정부는 복지제도에 대한 의존을 줄이고 개인의 책임과 노동을 통한 자활을 주요 내용으로 하는 '개인책임 및 노동기회 조정법'*Personal Responsibility and Work Opptunity Reconsiliation Act, PRWORA*을 제정하면서 TANF의 도입을 시작하였다. TANF하에서는 복지 수급기간의 제한과 근로에 대한 의무가 강조된다.[40] 박대식, '미국의 복지개혁'(2008) 또 이전의 AFDC에서는 누구나 수급자격만 가지면 자동으로 수급권을 보장받았던 것이 TANF하에서는 연방정부의 기본적 가이드라인 안에서 자유롭게 프로그램을 설계할 수는 있으나, 자동적 수급권은 인정되지 않는다. 구체적 수급조건은 다음과 같다.

1. 임산부나 아동이 포함된 가구
2. 수급자격을 갖기 위해서는 아동 양육비 청구권을 주 정부에 위임
3. 18세 미만의 미혼모는 그들의 부모와 동거하고 있어야 함
4. 1996년 이후 입국한 비시민권자는 5년 동안 수급자격 제한
5. 중범죄자는 수급자격 제한
6. 수급자격을 갖춘 자는 신청을 해야 수급자격을 갖게 되는 신청주의 등을 들 수 있다.   – 박대식, 전게서(2008)

TANF의 수급기간은 원칙적으로 평생 60개월 동안으로 제한된다*다만, 주별로 수급자의 20%까지는 이러한 수급기간 제한에서 제외될 수 있음.* 그리고 중앙정부가 모든 책임을 담당했던 AFDC와는 달리 TANF의 경우 행정책임은 주군 정부가, 재정책임은 연방정부와 주 정부가 분담한다. 주 정부는 TANF 프로그램에 관한 주요 자료*수급권자의 특성, 서비스 유형 및 이용도*를 매년 연방정부에 제출하는 의무를 진다. 이와 같은 정책 변화를 통해 TANF 프로그램은 복지의존도 감소와 빈곤층의 행동양식 변화를 추구하고자 하였다. 즉 근로, 결혼을 장려함으로써 복지의존을 줄이며, 미혼출산을 예방하고 감소시키고 가정의 유지를 장려하자는 것이다.

TANF로 대표되는 클린턴 행정부의 개혁은 부시 행정부에

서도 계속되었다. TANF의 근거법인 노동기회조정법PRWORA은 2002년 9월 30일 이후에는 그 효력을 상실하게 되는 한시적 법안이었으므로 이 법안이 2002년 10월 이후에도 지속적으로 시행되기 위해서는 복지개혁법의 재승인이 이루어져야 했다. 이를 위해 2006년 2월 부시 대통령이 '2005 적자감축법Deficit Reduction Act of 2005:DRA 2005'에 서명함으로써 이른바 제2차 복지개혁이 시작되었다. 이 법은 TANF에 대한 재승인뿐만 아니라 의료부조Medicaid의 예산삭감 등과 같은 정부지출을 억제하기 위한 방안 등도 포함하고 있다.

이 법의 주요내용은 우선 TANF의 포괄보조금block grant의 총 재원을 기존과 동일한 수준연간 165억 7천 달러으로 2010년까지 연장하여 지원하도록 확정하는 것 등이다. 그리고 연방정부는 각 주 정부에 배분하여 지원할 수 있는 빈곤가구 일시부조의 총 재원을 향후 5년간 동결하였다.

기존의 보조금grant제도 역시 건전한 가정을 형성하고 결혼생활을 유지할 수 있도록 지원하는 다양한 서비스를 제공하기 위한 새로운 보조금제도연간 1억 5천만 달러 규모로 대체되었다. 또한, 저소득층의 근로 활동 참여와 탈빈곤을 위해 아동양육서비스에 대한 재정지원을 확대하였다. 주 정부별 근로 활동 참가 비율 기준전체 수급 가구는 50%, 양부모 수급가구는 90%은 그대로 유지하였으며, 근로 활동 참가 여부를 판단하는 주당 근로시간 기준 역시 기존의 수준을 그대로 유지하였다. 모든 수급가구에 대해서는 기본적으로 주당 30시간 기준을 적용하되 6세 미만의 아동이 있을 때는 주당 20시간을 적용하였다. 양부모 수급가구에 대해서는 주당 35시간을 적용하되 연방정부에서 지원되는 아동보육서비스를 받으면 주당 55시간을 적용하였다.

AFDC의 TANF로의 대체를 중심으로 하여 이와 같은 지속적인 복지개혁은 빈곤수급가구의 감소, 자활의지의 고양 등에서 상당한 성과를 낸 것으로 평가된다.

복지개혁의 결과, 복지급여빈곤가구 일시부조 가구 수는 1996년 8월 441만 가구에서 2005년 8월에는 189만 가구로 57%가 감소하였다.[41] 이하 복지개혁(TANF)의 결과에 대해서는 김정아, '사회복지재정 : TANF에 내재한 이데올로기 중심으로' 참조. 복지급여 수급자는 1994년 약 1,400만 명에서 2000년 약 500만 명으로 감소하였다. 복지급여 수급자가 감소함에 따라 복지급여에 의존하는 인구의 비율도 감소하였다. 한 부모 가구에 있어서 저소득층 아동 가구의 비율은 1997년 38%에서 2002년 35%로 감소하였다.

아울러 근로 활동에 참여하고 있는 복지 수급가구의 비율은 1997년 31%에서 2002년 39%로 증가하였다. 한 부모 가구 여성가구주의 근로 활동 참여 비율은 1993년 58%에서 2005년 69.3%로 증가하였다. 미혼모의 근로 활동 참여 비율은 1996년 49.3%에서 2005년 63.1%로 증가하였다. 일반 빈곤율은 1996년 13.7%에서 2000년 11.3%로 감소했으며 아동 빈곤율은 1996년 20.5%에서 2000년 16%로 감소한바 이와 같은 빈곤율의 감소는 제도개혁의 성공을 의미하는 것이라 하겠다. 다만, 2000년대 중반 이후 경기 침체가 심화함에 따라 빈곤율이 다시 증가하고 있다. 이렇게 볼 때 제도 개혁과 경제성장이 복지에 큰 영향을 미치고 있음을 알 수 있다. 즉 빈곤 해결을 위해서는 제도개혁과 성장이 같이 추구되어야 한다는 것이다.

성공적인 복지제도 개혁의 실례로서 미국과 영국을 들었지만 80년대 이후 대부분의 선진국에서는 정도의 차이는 있을지라도 유사한 개혁을 해왔다. 그리고 그 개혁들이 다 성공적인 것도 아니며 부작용이 아주 없었던 것은 아니다. 그러나 전반적으로는 복지제도의 개혁이 상당한 성과를 거뒀다는 긍정적인 평가를 받고 있다. 다만, 앞서 든 포퓰리즘의 함정에 빠진 국가들과 개혁에 성공한 국가 간에 중대한 차이가 있다는 점에는 유의해야 한다. 이들 국가가 개혁에 성공할 수 있었던 배경은 개혁을 위한 환경이 상대적으로 좋았다는 점이다. 간단히 말해 아르헨티나는 포퓰리즘의 그늘이 너무 컸던 반면 이들 국가는 그 정도까지 악화되기 전에 개혁이 실시될 수 있었다는 것이다.

4

지속가능한 복지

저출산·고령화로 인한 인구구조의 변화는 중장기적으로 경제에 대해 수요와 성장잠재력을 약화시키는 요인이 된다는 것이 전문가들의 공통된 지적이다.

저출산 고령화

현대의 *서구식복지국가* 모델을 하나의 이상형으로 삼는다 하더라도 복지제도의 설계는 각 국가가 처한 경제상황, 역사적 배경에 따라 달라진다. 우리나라 복지제도의 미래 역시 이러한 고려하에 정비되고 설계되어야 할 것이다.

복지를 확충하고 재분배 기능을 활성화하기 위해서는 성장도 되어야 하고 재정확충의 여력도 있어야 한다. 그런데 우리나라의 복지환경에는 두 가지의 중요한 도전요소가 대두되고 있다. 이른바 고용 없는 성장의 문제와 저출산·고령화의 문제인데 *사실 이는 우리나라에만 국한된 문제는 아니다*. 이에 대한 대비가 없으면 복지확충이라는 목표의 달성은 불가능하다. 이 장에서는 이런 요인에 대해 먼저 논의하고자 한다.

최근 언론에 보도된 바로는 2009년을 기준으로 우리나라 여성의 기대수명은 83.8세로 50년 전인 1960년 53.7세에서 30세 이상 늘어났다고 한다.[1] 조선일보, '기대수명 83.8세, 女장수국 6위 한국, 비결은', 2011년 11월 2일자 A2면 남자의 경우도 이보다는 좀 낮지만 1960년 51.1세에서 76.8세로 25세 이상 늘어났다. 이와는 반대로 여성 1명이 가임기간 동안 낳을 것으로 예상되는 평균 출생아 수를 나타내는 우리나라의 합계출산율은 2010년 1.23명으로 세계 222개국 중 거의 꼴찌 수준인 217위를 기록했다는 보도도 있었다.[2] 조선일보, '출산율 꼴찌 6개국 모두 아시아 경제 우등생', 2011년 11월 17일 자 A8면

의료기술의 발달과 삶의 질 향상으로 기대수명이 늘어나는 것은 바람직한 일이라고 볼 수 있다. 하지만 인구를 현상 유지하는데 필요한 출산율 수준대체출산율인 2.1명에도 훨씬 못 미치는 현재 우리의 출산율 수준을 고려하면 문제가 그리 간단치만은 않다. 낮은 출산율과 더불어 우리나라는 지난 2000년 65세 이상 인구가 전체인구의 7%를 넘어서 '고령화 사회'로 접어들었고, 2018년에는 노인인구가 14%를 넘어서는 '고령사회'로, 2026년경에는 20% 이상을 차지하는 '초고령사회'에 진입할 것으로 예상된다.

저출산·고령화로 인한 문제점은 일찍이 서구 선진국들에서 제기되어 왔다. 고령화로 인한 연금과 의료비용의 증가뿐만 아니라 저출산으로 인한 인구구조의 변화는 경제 사회적으로 여러 가지 문제점들을 제기한다.

먼저 서구 선진국은 고령화로 인한 지출증대가 개별국가들

의 재정 건전성을 크게 악화시키는 결과를 초래했다. 연금과 의료비가 대표적인데 일본의 경우 고령화 관련 예산은 1996년 8조엔 수준에서 2009년 17조엔으로 2배이상 늘어났으며, 2006년 연금과 의료, 간병을 포함한 사회보장급여비가 국민소득의 23.9%나 차지함으로써 이 중 가장 큰 비중을 차지하고 있는 연금제도에 대한 개혁이 대대적으로 진행되고 있다.[3] 김양희 외, 「주요 국의 저출산·고령화 대비 성장전략 연구와 정책 시사점」, 대외경제정책연구원, 2010. 참고

우리나라도 현재의 복지제도를 그대로 유지한다고 하더라도 2010년부터 2050년 기간 중 고령화로 인한 연금 및 의료비 지출의 증가규모가 GDP 대비 11.8%p로, EU국가5.6%p 및 G-7국가7.3%p 증가규모의 약 2배에 달할 전망이다.[4] 기획재정부, 「2011~2015 국가재정운용계획 작성을 위한 장기재정전망분야 공개토론회 자료」(2011. 6. 22.) 특히 국민연금의 경우 재정 안정화를 위해 2007년 국민연금의 소득대체율을 인하함으로써 기금고갈 시기를 2047년에서 2060년으로 연장한 바가 있다. 또한 현재에도 국회 연금제도개선특별위원회를 통해 제도개선을 위한 논의가 진행 중이다.

다음으로 저출산·고령화로 인한 인구구조의 변화는 중장기적으로 경제에 대해 수요와 성장잠재력을 약화시키는 요인이 된다는 것이 전문가들의 공통된 지적이다. 저출산으로 인해 노동력 증가율이 둔화되거나 감소함으로써 성장잠재력이 약화되고 저축율이 하락하면서 수요에 영향을 주게 된다는 것이다. 국회 예산정책처의 분석에 따르면, 노년부양비의 상승으로 2008

년을 기준으로 했을 때, 2020년에는 '민간소비가 1.2% 감소하고 설비투자가 2.0% 하락하면서 실질 국내총생산 수준은 0.9% 떨어지는 것'으로 나타났다. 5) 국회예산정책처, 『저출산·고령화의 영향과 정책과제』, 2009.

이러한 경제성장률의 하락과 취업인구의 감소는 결국 조세수입과 사회보장기금 수입의 감소로 이어져 국가재정에 어려움을 가져다주게 된다. 이를 안종범 교수는 구체적으로 다음과 같이 설명하고 있다.

> 이러한 효과를 종합하면 재정수입은 감소하는데, 재정지출은 급증하면서 재정적자를 초래하고, 저축율 하락에 기인하는 이자율의 상승은 재정적자에 대한 이자 부담을 가중시키고, 재정적자는 자본시장에서의 구축효과를 통하여 이자율을 상승시키고, 이는 다시 재정적자를 가속화시키는 악순환의 고리를 형성할 가능성이 커진다. 6) 안종범, 『저출산·고령화 시대의 재정정책 과제』, 국제무역경영연구원, 1997.

이와 같은 저출산·고령화의 문제에 대한 대책의 시급성은 이미 일찍부터 제기된 바 있으며, 다양한 연구 등을 통해 구체적 대책이 제시되고 있다. 7) 우리나라도 이미 '제1차 저출산고령사회 기본계획(2006~2010)'을 마련하여 시행한 바 있으며, 2011년부터 5년간 76조 원이 투입되는 제2차 계획이 현재 시행 중이다. 그러면 제시된 대책에는 어떤 것이 있는가?

먼저 고령화에 대한 대책으로는 안정적인 노후소득보장이 가능하도록 하는 것이 우선이다. 이 책의 2부에서 다루겠지만 안정적인 노후소득보장을 위한 공적연금체계의 개선이 우선되어야 한다. 이와 동시에 노인 일자리 문제 해결과 정년연장 등을 통해 고령인구의 취업률을 높임으로써 국가가 직접적으로 책임져야 하는 고령인구의 생활안정이라는 짐을 덜어가려는 노력이 필요하다. 최근 노인 일자리 확대를 위한 노력과 정년연장 등에 대한 논의가 활발히 진행되고 있는 것은 바람직한 방향이라고 할 수 있다.

저출산에 있어서는 보육문제 해결이 우선이다. 1980년대와 1990년대를 거치면서 프랑스는 저출산 극복을 위해 육아지원책들을 도입하여 1993년 1.6 수준까지 떨어졌던 합계출산율을 2008년 2.0 수준까지 끌어올린 바 있다. 육아수당 지급, 공공보육시설의 확대, 육아관련 휴가정책의 확대 등 소득을 보장하고, 일과 가정의 양립을 위한 프랑스의 보육정책은 큰 성과를 거둔 것으로 평가된다.[8] 김양희 외, 앞의 책 참고.

우리도 보육문제 해결을 위해 보육비 지원 및 육아휴직 확대 등을 포함한 다양한 정책들을 추진해 오고 있지만 아직은 큰 효과를 보고 있지 못한 것이 사실이다. 다행히 내년 예산에는 이 부분이 크게 증액되게 되어 있어 기대가 크다.

1960년대와 70년대 '아들 딸 구별 말고 둘만 낳아 잘 기르자'로 표현된 우리나라의 가족계획사업은 1980년대 '하나씩만 낳아도 삼천리는 초만원'이라는 표어로 정점을 찍었다. 이미 1983년 인구 대체율 수준을 밑도는 합계출산율인 2.06을 기록한 우리나라의 상황에서 1990년대 중반에 가서야 기존의 가족

계획정책에 대한 재검토를 통해 2000년대에 들어서서야 출산장려정책이 도입되었다는 것은 다소 늦은 감이 있다는 지적도 있다.

어쨌든 지금이라도 저출산·고령화의 문제에 대한 인식을 통해 구체적인 대안들이 제시되고 실행되고 있다는 것은 바람직하다. 노후소득보장을 위해 당장 기초노령연금이나 사회보장급여 등을 크게 인상할 수도 있다. 하지만 급격한 급여확대는 흔히 '우리 세대의 짐을 다음 세대에 떠넘기는 일'로 표현된다. 당장 사회보장확대가 초래할 수 있는 장기적인 위험을 경고하는 말이다. 중요한 것은 중장기적인 비전을 통한 합리적이고 구체적인 정책 방향이 제시되어야 한다는 것이다.

과연 성장이 우선인가? 분배가 우선인가? 필자는 이러한 이분법이 큰 의미가 없다고 생각한다. 적어도 우리의 현실에서는 그렇다. 우리는 오히려 양자가 조화되는 정책조합을 찾을 시점에 와 있다.

성장, 분배, 고용없는 성장

"가장 좋은 복지는 일자리"라는 말이 있다. 다시 말할 필요가 없을 정도로 당연하다고 생각한다. 누차 강조하지만 복지는 시혜를 목표로 하는 것이 아니다. 균등한 기회를 준 경쟁시장에서 무슨 이유에서든지 탈락하거나 패배한 사람들에게 다시 한 번 자립할 기회를 주는 것이 되어야 한다. 이런 맥락에서 사전적으로 경쟁할 기회를 많이 만들어주는 것이 복지의 원론적 개념에 부합한다. 이는 또 사후적으로 복지지출의 필요성을 감소시키는 것이기도 하다.

어쨌든 여기서 일자리 즉, 고용은 바로 성장과 동의어로 쓰이고 있다. 다시 말해 경제성장은 고용증대로 직결된다는 것이다. 그러면 복지를 위해서라도 성장을 극대화하기만 하면 되는가? 물론 그렇지는 않을 것이다. 위에서 지적한 대로 성장의 그

늘 즉, 경쟁에서 패배자는 항상 있으므로 이를 보듬기 위한 복지는 반드시 필요하다. 더구나 성장이라는 빛이 밝을수록 격차라는 그늘은 짙어지게 마련이다. 이런 문제 때문에 국가정책의 우선순위를 성장과 분배 중 어디에 두어야 하는가가 이 논쟁의 중심에 등장하곤 한다. 과연 성장이 우선인가? 분배가 우선인가? 필자는 이러한 이분법이 큰 의미가 없다고 생각한다. 적어도 우리의 현실에서는 그렇다. 우리는 오히려 양자가 조화되는 정책조합을 찾을 시점에 와 있다.

개발연대 시절 우리나라는 분배나 복지를 위한 노력보다 성장을 극대화하려는 조치들이 우선되었던 '선 성장, 후 분배'의 시대였다고 해도 과언이 아니다. 싫든 좋든 이것이 우리나라 고도성장의 배경이었던 것이 사실이다. 물론 이 시기에도 지니계수로 대표되는 소득분배 지표 자체는 나쁘지 않았던즉, 상대적으로 평등한 현실이 어느 정도의 정치적 정당성을 부여한 측면이 있다는 것 역시 간과되어서는 안된다.[9] 이 시기 소득분배 상태가 상대적으로 양호했던 이유에 대해서는 여러 의견이 있다. 경제개발이 시작될 당시 다 같이 빈곤한 상태였다는 점, 다른 개발도상국보다는 부패방지를 위한 매우 엄격한 조치가 취해졌다는 점 등이 그 요인이 될 것으로 생각한다.

이러한 정책 방향은 대체로 옳았다는 것이 전반적인 평가임은 잘 알려져 있다. 실제 개발경제학을 연구하는 학자들은 개발 초기에 성장이 복지를 견인한다는 것을 입증하고 있다. 그러나 성장 우선의 정책이 영구화될 수는 없다. 따라서 90년대 이후 복지지출의 비중이 증대되어왔고, 최근에는 급격히 증가되고 있는 것은 잘 알려진 사실이다. 그러면 현재 우리의 경제 여건상 성장과 분배의 비중을 어떻게 조화시킬 것인가? 이에 대해 대답하기 위해서는 개발경제학적 논의구조에서 우선 탈피해야 한다. 우리 경제는 이미 개발도상국 또는 중진국의 단계를 넘어 선진국 진입을 목표로 하는 단계이기 때문에 과거의 경험에 따른 구분이 더는 유효하지 않다는 말이다. 이에 대한 학계의 관점은 대체로 성장과 복지 간에는 상충관계*Trade-off*가 존재한다는 것이다. 즉, 복지를 위한 재정지출 증대 및 증세는 잠재성장률을 하락시킨다는 것이다. 결국 이 경우 복지는 사회 전체의 비용이 되는 것이다. 물론 이 비용은 불가피하게 치러야 하는 비용이 대부분이다. 다만, 과도한 부담은 문제가 된다. 이와는 달리 최근에는 복지가 성장을 위한 기본이며 따라서 상당한 복지지출이 선행되어야 성장률을 높일 수 있다는 주장도 학계에서 대두되고 있기도 하다.

이 책에서 양자의 실증적 적합성을 논의할 수는 없다. 다만, 확실한 것은 어느 경우도 재정여건이 허락하는 범위를 넘어서는 복지의 확대는 국가 경제에 해가 된다는 점이다. 따라서 복지가 우리 경제의 현실에서 지속 가능한지를 따지는 것이 정책논의의 초점이 되어야지 '성장이냐 분배냐'의 옛날식 틀에 머무르는 것은 옳지 않다. 이에 대해서는 다음 장에서 다루게 될 것이다. 아울러 개별 복지정책들이 실제적 효과를 보느냐, 아니면 '돈만 쓰고' 효과는 미미한 것이냐를 따지는 것 역시 중요하다.

분배냐 성장이냐 하는 논의보다 더 중요한 것은 이른바 '고용 없는 성장'의 문제라고 하겠다. 앞에서 지적한 바와 같이 이 문제는 우리나라 복지의 미래에 있어 중대한 도전요인이므로 복지정책 논의에 있어서는 이 문제에 주목하면서 성장의 한계를 직시할 필요가 있다. 잘 알려진 바와 같이 최근 경제성장이 반드시 고용증대를 가져오지 못한다는 현상이 나타나기 시작했다. 다음 표에서 볼 수 있듯이 경제성장률은 등락을 해왔지만 고용률은 최근 3년간 지속적으로 하락해 왔다. 사실 이는 우리나라뿐 아니라 세계적인 현상인 것으로 알려졌다.

우리나라의 고용률 및 경제성장률 추이

고용률(좌측) ■　　경제성장률(우측) ━

왜 그럴까? 이런 현상이 나타나게 된 가장 큰 원인은 제조업에 두드러진 '자동화·성력화'라고 볼 수 있다. 그런데 제조업 자체의 성장만으로는 고용증대를 가져오지 못한다 할지라도 국민 경제 전체로 봤을 때 고용증대를 이루지 못하는 것은 아니다. 제조업이 성장할 때 산업 연관에 의해 각종 서비스업도 성장·발전하게 된다. 알려진 바와 같이 서비스업의 고용 효과는 매우 크다. 이렇게 볼 때 고용 효과를 선도하는 것은 제조업이기 때문에 제조업의 성장이 고용 증대에 연결되지 않는다는 주장은 맞지 않다. 다만 그 효과가 직접적이냐 간접적이냐의 차이가 있을 뿐이다. 오히려 중요한 것은 그 연관성의 정도라고 할 것이다. 그리고 위의 표들이 보여주는 것은 과거에 비해 연관도가 낮아졌다는 증거라고 할 수 있다. 아울러 서비스 산업의 성장 또는 고용 효과가 더 낮아졌을 수도 있다. 이러한 문제들은 경제 구조적 변화에 의한 것이라고 할 수 있다.

성장과 고용이 직결되지 않는 마지막 원인에 주목해야 할 것은 복지 '제도'와 연관된 문제들이다. 우리나라뿐 아니라 세계적으로 학자, 관료 등 이 분야와 관련된 전문가들은 최근 복지제도의 설계가 고용에 미치는 영향에 주목하고 있다.

이는 복지제도에 의한 근로 동기 저하, 또는 복지 의존경향 *Welfare Dependecy*의 문제인데 이것이 고용과 성장의 상관관계에도 많은 함의를 가지고 있다. 다시 말해 복지제도의 잘못된 설계는 노동시장에의 참여를 위축시키고 이는 성장률 저하로 귀결된다는 것이다. 이에 관해 우리나라의 예를 들어 설명하면 다음과 같다.

현재 우리나라의 대표적인 공적부조인 기초생활 보장의 혜택을 받는 수급자는 타 제도와의 통합급여로 월 144만 원을 받을 수 있다. 이 금액은 현재 정해져 있는 최저생계비이다.[10] 최저생계비는 심의에 의해 매년 변경된다. 그런데 월 144만 원에서 173만 원을 버는 계층은 아무런 복지혜택이 없다. 차상위계층을 위한 복지제도이자 동시에 근로유인제도인 근로장려세제*EITC : Earned Income Tax Credit*의 혜택은 173만 원 소득 이상이 되어야 한다. 이런 문제로 월소득 144만 원에서 173만 원 사이의 계층은 차라리 일하지 않고 복지혜택에 안주할 가능성이 크다. 더 큰 문제는 현재의 기초생활 수급자가 탈수급하는 이른바 자활의지도 꺾게 된다는 점이다. 사실 이 문제는 우리나라에만 국한된 것은 아니다. 복지제도가 발달한 선진 제국 역시 이러한 문제를 겪어 왔으며 아직도 완전히 해결하지 못하고 있다.

그러면 이러한 문제를 해결하고 성장과 고용이 조화되도록 하는 정책은 무엇인가? 그 정책들은 원인에 따라 다르게 결정되어야 할 것이다.

앞서 설명한 경제구조에 의한 고용 없는 성장의 문제는 구조를 개혁하는 것으로 해결해야 할 것이다. 우선 민간의 경제활동이 더욱 자유롭도록 규제도 풀고 조세, 금융정책도 제조업을 중심으로 발전할 수 있도록 하는 것이 기본조건이 되어야 한다. 그리고 서비스 산업이 발달한 만큼 고용증대 효과를 내기 위해서는 규제의 완화가 가장 필요하다. 그리고 보육, 노인보호 등 사회적 서비스에 대한 투자도 늘려야 한다. 이 부분은 정부의 직접적인 개입과 민간부문의 효율적 참여를 위한 뒷받침 등이 잘 조화되어야 할 것이다.

다음으로 복지제도의 문제는 제도 개선으로 풀어야 할 것이다. 현재 많은 전문가들이 고용과 복지가 근로유인을 저해하지 않으면서 합리적으로 조화되는 정책을 연구하고 있다[11] 최근의 연구로는 "고용과 복지를 연계하는 최적정책조합", 안종범, 2011. 11. 고용복지정책 세미나 발표자료 참조. 이를 위해 비슷한 문제를 겪었던 외국의 사례를 참고할 필요가 있다. 이와 같은 새로운 정책조합에는 수급자 등 제도의 재설계와 복지 전달체계의 개선 등이 모두 포괄되어야 할 것이며 예를 들어 근로장려세제의 강화도 고려해야 할 것이다.

현재 보다는 우리나라의 복지지출이 증대되어야 한다는 것도 이미 밝힌 바 있다. 다만 지출증대가 어느 정도 가능한지 우리의 성장잠재력을 훼손시키지 않는 한도는 어느 정도인지 따져보아야 한다.

복지의 지속가능성

지금까지 재분배의 원칙과 향후 도전요인에 대해 살펴 보았다. 그러면 재분배를 위한 정책, 즉 복지제도에서는 구체적으로 무엇이 있는가?

유럽의 복지국가를 논의하면서 이미 살펴본 바와 같이 '복지'에는 매우 다양한 제도들이 있다. 우리나라 역시 비슷한데, 앞 그림의 분류에 따라 우리나라 제도를 다시 분류해 보면 다음의 표와 같다.

[표 17] 우리나라의 복지제도

(단위 : GDP대비 %)

사회보호				현물급여	
공적부조	사회보험			교육/보육	주거
	연금	건강보험	실업급여		
·기초생활보장 ·장애수당 ·장애인연금 ·기초노령연금 ·저소득/중고령층 취업성공 패키지 ·노인 일자리사업	·국민연금 ·장애연금	·국민건강 보험 ·노인장기 요양보험	·실업급여 ·육아휴직 급여	·초·중등의무교육 ·만5세 무상교육 ·지역아동센터 ·드림스타트 ·차등보육료지원 ·보육교사인건비 지원 ·국가필수예방접종 ·임신/출산진료비 지원 ·산모신생아도우미	·국민임대주택 ·전세자금/ 주택구입자금 지원 ·노인주거복지 시설운영

　　이와 같은 다양한 제도를 수행하기 위해서는 재원이 필요하고 그 가장 중요한 수단은 조세이다. 그런데 조세는 정부지출복지지출 포함을 위한 재원 마련이 그 일차적 기능이지만 그 자체가 재분배 수단으로서의 기능이 있다. 조세의 누진성에 바탕을 둔 형평성 제고기능이 그것인데, 특히 소득세 등 직접세가 그 기능을 많이 담당하고 있다. 그런데 우리나라의 조세는 형평성 제고의 기능이 선진국에 비해 약한 것으로 평가되고 있다. 따라서 조세의 누진도를 높여야 한다는 주장이 꾸준히 제기되고 있다. 그러나 다른 한편에서는 조세의 형평성 제고 기능에는 어차피 한계가 있으므로 '넓은 세원, 낮은 세율'로 대표되는 효율성과 재원 확보의 기능에 중심을 두어야 한다는 주장도 있다. 선

진각국은 이런 방향으로 조세정책을 수정해 오고 있는 것이 사실이다. 조세는 재원확보에 주력하고 그렇게 형성된 재원을 소득재분배에 활용하자는 것이다. 이렇게 볼 때 재분배를 위한 가장 중요한 기제는 역시 복지지출이라 할 것이다. 그렇기 때문에 현재 보다는 우리나라의 복지지출이 증대되어야 한다는 것도 이미 밝힌 바 있다. 다만 지출증대가 어느 정도 가능한지 우리의 성장잠재력을 훼손시키지 않는 한도는 어느 정도인지 따져 보아야 한다. 즉 복지지출의 지속가능성을 살펴보고자 한다.

복지지출의 지속가능성이란 결국 향후 예상되는 복지지출 증가 규모를 감당할 만한 재정의 여력이 있느냐의 문제이다. 이를 위해 우선 우리나라 재정의 현 상황을 살펴보고자 한다. 현재 우리는 글로벌 금융위기 대응과정에서 재정의 건전성이 다소간 악화하였으나, 주요 선진국이나 유럽국가들보다는 상대적으로 양호한 편으로 평가되고 있다.[표 15], [표 16] 참조)

[표 15] 우리나라의 주요 재정총량

(단위 : 백만 파운드)

구분	'07 결산	'08 결산	'09 결산	'10 결산	'11 예산
실질성장률(%)	5.1	2.3	0.3	6.2	5.0
총수입(조원)	250.6	274.2	276.3	299.5	314.4
*국세수입(조원)	161.5	167.3	164.5	177.7	187.6
총지출(조원)	237.1	262.8	294.0	282.8	309.1
통합재정수지(조원)	33.8	11.9	△17.6	16.7	5.3
(GDP 대비, %)	(3.5)	(1.2)	(△1.7)	(1.4)	(0.4)

구분	'07 결산	'08 결산	'09 결산	'10 결산	'11 예산
관리대상수지(조원)	3.6	△15.6	△43.2	△13.0	△25.0
(GDP 대비, %)	(0.4)	(△1.5)	(△4.1)	(△1.1)	(△2.0)
국가채무(조원)	299.2	309.0	359.6	392.2	435.5
(GDP 대비, %)	(30.7)	(30.1)	(33.8)	(33.4)	(35.1)

* '07, '08의 총수입, 총지출은 최종 예산 기준

[표 16] OECD 주요국 국가채무비율 및 연평균 증가율

(단위 : GDP대비 %, %)

구분	'06	'07	'08	'09	'10	연평균 증가율
영국	46.1	47.2	57.0	72.4	82.4	15.6
프랑스	70.9	72.3	77.8	89.2	94.1	7.3
미국	60.8	62.0	71.0	84.3	93.6	11.4
일본	172.1	167.0	174.1	194.1	199.7	3.8
한국	27.7	27.9	29.6	32.5	33.9	5.2
	(31.1)	(30.7)	(30.1)	(33.8)	(33.5)	(1.9)
OECD 평균	74.5	73.1	79.3	90.9	97.6	7.0

* 한국의 경우 ( )안 숫자는 정부통계

따라서 앞으로 복지지출 증대를 위한 재정 여력은 어느 정도 있다고 평가할 수 있다. 그러나 지속되고 있는 세계경제의 불안에 대비하고, 국민의 높아지고 있는 복지요구에 부응하기 위한 보육, 교육 등의 재정지출 증가요인이 많아 미래의 재정여건을 낙관할 수만은 없다. 여기서 한 가지 주의해야 할 사실은

재정적자만 실현되지 않으면즉 균형재정만 된다면 복지지출을 늘릴 수록 좋다는 견해의 적정성 여부이다. 이는 복지지출을 크게 늘 리더라도 상응하는 세입 증가주로 세금의 증가가 수반이 되어 균 형재정을 이룬다면 문제가 없다는 주장이다. 그러나 이 주장은 문제가 있다. 복지를 포함하여 정부지출은 그 자체로 비효율적 인 측면이 있으며 조세 역시 마찬가지이다. 이미 지적한 정부지 출 및 조세의 사중손실이 그것이다. 따라서 복지지출의 증대는 그 자체로 비효율을 초래하기 때문에 꼭 필요한 부분에 집중해 야 하고 방만해서는 안된다는 것은 균형재정 여부와 관계없이 유효한 주장이다.

복지의 지속가능성을 살펴보기 위해서는 고령화 등 장기적 으로 복지지출을 자연적으로 증대시킬 요인, 또 재량적인 복지 지출 증대는 시나리오별로 어느 정도가 될 것인가 등을 우선 가 늠해 보아야 한다.

최근 '2011~2015 국가재정운용계획' 수립을 위한 장기 재 정 전망분야의 연구결과에 따르면 우리나라는 급속한 인구 고 령화로 2010~2050년 기간 연금 및 의료재정 지출의 증가규모 가 GDP 대비 11.8%p로, EU국가5.6%p 및 G-7국가7.3%p 증가규 모의 약 2배에 달할 전망[12] 2011~2015 국가재정운용계획 작성을 위한 장기재정전망 분야 공개토론회 자료(2011. 6. 22.)이다. 또한 향후 현행 복지제도가 확대되 거나 새로운 복지제도가 도입되면 본 연구의 장기추계 결과를 훨씬 상회하는 결과가 초래될 것임이 지적되고 있다.

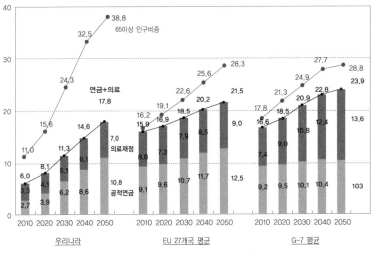

인구고령화 관련 재정지출 증가의 국제비교[5]

GDP내비 지출규모, %

13) 앞의 글.

그러면 복지지출의 지속가능성 여부의 다른 한편인 세입과 이에 따른 재정수지는 어떠한가? '2011~2015 국가재정운용계획' 수립을 위한 장기재정전망분야 연구의 시나리오에 따르면 인구 고령화와 관련한 4대 공적연금과 기초노령연금, 건강보험과 노인장기요양보험을 제외한 다른 지출항목 및 조세부담률 등 세입은 '2010~2014 국가재정운용계획' 상의 2011년 계획치 *GDP 대비 기준*가 2050년까지 유지되는 것으로 전제하였을 경우, 관리대상수지가 2010년 GDP 대비 1.1% 적자에서 2050년 8.3% 적자로 7.2%p나 악화하는 것으로 나타났다. 이러한 재정적자의 누적은 결국 국가채무를 2010년 말 GDP 대비 33.5% 수준에서 2050년 말 137.7%로 많이 증가시킬 전망이며, 이에 따라 조세부담률이 현 수준으로 유지되더라도 건강보험 부담 증가 등으로 국민부담률은 2009년 25.6%에서 2050년 29.3%로 증가할 것으로 나타났다. 여기에 장기재정 추계에서 불확실성이 큰 건강보험 및 노인장기요양보험의 지출이 다소 증가하고 재정부담 비중이 다소 높아지면 2050년 말 국가채무비율이 168.6%로 더 크게 증가할 것이다. 2050년 29% 내외로 상승할 것으로 추정되는 국민부담률은 국세수입증대를 통해서만 국가채무비율 목표를 달성하면 33~36%까지 상승하는 것으로 추정되었다.

결국 노령화 등 상황변화 때문에 지속 가능한 복지지출 증대는 한계가 있다는 것을 알 수 있다. 따라서 새로운 제도를 도입하는 것은 신중해야 하고 현재 제도들의 비용 효과성은 대폭 증대시켜야 한다.

[표 17] 중앙정부 장기재정추계 시나리오

(단위 : GDP대비 %)

구분	베이스라인 시나리오				의료지출 시나리오			
	관리대상 수지	국가 채무	조세 부담률	국민 부담률	관리대상 수지	국가 채무	조세 부담률	국민 부담률
2010	-1.1	33.5	19.7	25.6	-1.1	33.5	19.7	25.6
2015	-2.3	38.2	19.7	26.4	-2.9	40	19.7	26.2
2020	-2.9	42.6	19.7	26.8	-3.7	47.1	19.7	26.6
2025	-3.6	51.2	19.7	27.3	-4.6	59.2	19.7	27.2
2030	-4.5	61.9	19.7	27.8	-5.7	73.4	19.7	27.6
2035	-5.4	77.3	19.7	28.2	-6.8	93	19.7	28

구분	베이스라인 시나리오				의료지출 시나리오			
	관리대상 수지	국가 채무	조세 부담률	국민 부담률	관리대상 수지	국가 채무	조세 부담률	국민 부담률
2040	-6.3	94.3	19.7	28.6	-7.9	114.5	19.7	28.3
2045	-7.3	115.1	19.7	29	-9.1	140.5	19.7	28.6
2050	-8.3	137.7	19.7	29.3	-10.4	168.6	19.7	28.9

[표 18] 국가채무비율 목표 달성을 위한 시뮬레이션 결과

(단위 : GDP대비 %)

시나리오	국가채무비율 목표	2050년 추계치		
		조세부담률	국민부담률	국가채무
베이스라인 시나리오	장기재정추계 결과	19.72	29.28	137.74
	2050년 국가채무 60% 달성	23.66	33.22	60
	2050년 국가채무 30% 달성	25.19	34.75	30
의료지출 증가 시나리오	장기재정추계 결과	19.72	28.93	168.62
	2050년 국가채무 60% 달성	25.23	34.44	60
	2050년 국가채무 30% 달성	26.75	35.96	30

건강보험의 보장성 확대는 국민의 동의를 얻어서 시행하되 건강보험의 지속가능성을 최우선적으로 고려하여 재정범위 내에서 단계적으로 진행해야 한다.

이 부분은 한국보건사회 연구원의 건강보험 정책 현황과 과제에서 크게 인용하였다.

건강보험 정책현황과 과제

우리나라의 건강보험은 1978년 도입되어 30년 이상 지났다. 비교적 짧은 시간 안에 전 국민 개보험을 이룩하고 국민이 수준 있는 의료서비스를 받게 된 것은 높이 평가할 만하다. 그럼에도 우리 건강보험은 아직 많은 과제를 안고 있는 것으로 평가된다.

우선 보장률의 문제이다. 2008년을 기준으로 우리나라 건강보험은 약 62.2%*국민건강보험연구원 추정*의 보장률로 OECD 선진국 평균인 약 80%보다 현저히 낮다. 또한, 2010년 말 기준으로 누적적립금은 약 9천억 원*2010년 1년 지출 추정 약 34조 원*에 불과하여 보장성 확대에 한계가 있고 예기치 못한 상황*예, 전염병 등*에 노출되면 건강보험 재정에 심각한 위기를 가져올 수 있다.

우리나라 건강보험은 도입이래 행위별 수가제*Fee for Service*

방식의 지불제도를 운영하고 있다. 이 제도는 문자 그대로 행위별로 수가를 지급하는 것이라 비용이 증가할 가능성이 크다. 실제 매년 수가 인상률을 3% 이하로 통제함에도 2008년을 제외하면 지난 5년간 급여비가 매년 약 18%씩 증가하고 있다. 물론 여기에는 노령인구의 급증, 신기술의 발달 등 외부적인 의료비 증가 요인도 있지만, 지불체계 때문에 보험 급여비 증가율이 높은 것이 사실이다. 보험료 부과체계 또한 2000년 건강보험이 단일 보험자로 통합되고 2002년부터 재정까지 완전히 통합되었지만 자영업자와 근로자의 직역 간 이동 시 보험료 부담이 현격히 차이 나는 등 부과의 형평성이 담보되지 않아 극심한 민원의 대상이 되고 있다. 수가 수준도 공급자와 소비자간 현격한 시각차로 매년 연말 차년도 수가협상 때마다 진통을 겪고 있으며, 수가계약방식에 대한 논란도 지속되고 있다.

따라서 건강보험제도에 대한 전반적 개선방안의 모색이 필요하다. 현행 제도에서 과잉보장이 되는 것은 없는지 불필요한 행정 인력에게 낭비되는 보험재정은 없는지를 꼼꼼히 따져보고 고쳐야 한다. 이하에서는 정부출연연구기관인 한국보건사회연구원이 제시한 우리나라 건강보험의 발전방안을 요약 · 소개하고자 한다.

대내외 여건 및 환경 변화 전망

우리나라는 저출산 고령화로 인해 노인인구 비중이 2000

년 7%고령화사회에 도달한 이후 계속 상승하여 2010년 11%, 2018년 14%고령사회, 2026년 20%초고령사회에 달할 것으로 전망된다. 이러한 노인인구의 증가는 만성질환자 및 국민의료비의 급등을 일으키고 이는 국민의 부양 부담 가중과 재정의 큰 위험요인으로 작용할 것으로 예상된다. 더불어 1990년대 중반까지 우리나라의 합계출산율은 1.6명 수준에서 유지되었으나, 1997년 이후 급격히 하락해 2005년 1.08명까지 감소하였고, 당분간 이를 벗어나기 어려울 전망이다.

또한 의료기술의 발달과 나노, 바이오, IT 등과의 융합으로 소비자의 의료이용 행태는 물론 의료공급체계의 근본적인 변화를 요구할 것으로 전망된다. 미래에는 '개인'이 상시 지속적인 생체신호 모니터링과 분석을 통해 건강위험요인을 예측하고 이를 의사와의 협력을 통해 관리하는 형태로 전환되어 개인에게 맞는 예측 의료활동에 가치가 집중되는 형태로 가치사슬이 변화할 것으로 전망된다. 즉 미래 보건의료는 개인의 유전적 특성, 체질적 특이성 및 개인 생활습관 등을 반영한 개인 '맞춤의료'의 실현으로 패러다임이 변화될 것으로 전망된다. 더불어 생활습관의 서구화, 노령화 등으로 지속적인 관리가 필요한 고혈압·당뇨 등 만성 질병이 급격히 증가하고 이로 인한 사회적 비용이 급증할 것으로 예상된다.

국민 1인당 총소득이 2000년 11,292달러에서 2009년 17,175달러로 증가하는 등 경제수준의 향상은 전체적인 건강욕구의 증가와 보건의료서비스의 품질향상에 대한 기대수준을 제고시키고, 다양한 형태의 새로운 보건의료서비스 욕구가 형성되고 있는 것으로 보인다. 이에 따라 2000년부터 2007년 사이 우리나라 GDP 대비 국민의료비 비중의 평균 증가율은 4.7%로 OECD 평균 증가율*2000년~2006년* 2.0%보다 약 2배 이상 빠르게 진행되고 있다.

정책과제

이러한 환경변화에서 어떻게 제도개선을 할 것인가? 이에 대한 보건사회연구원의 제안은 다음과 같다.

보험재정 확충

이와 같은 환경과 여건 변화에 따른 정책적 과제로서 우선 보험재정의 확충이 필요하다. 건강보험 재정을 확충하기 위해서는 먼저 보장성 확대, 노령화, 소득증가에 따른 수진율 증가 부분 등을 보험료 인상과 연계될 수 있는 구조적 틀로 구축할 필요가 있다. 또한 현행 보험료 수입의 20%로 되어 있는 국고지원 규모를 한시법이 종료된*2011년* 이후에는 65세 이상 노인 급여비의 50%로 변경하여 점진적으로 국고지원을 확대해 가야 한다. 이를 위해 직접세와 비교하면 소득 역진적이지만 현행 보험료 방식보다는 누진적인 간접세 형태예 *부가가치세에 건강보험세 부과*로 추가재원을 확보할 필요가 있다. 직접세의 부담을 늘리면

기업의 국제 경쟁력에 어려움이 따르고 고용 감소 효과를 가져오는 등 부정적인 측면이 있기 때문이다. 더불어 현재 피부양자로 무임승차하고 있는 형제, 자매는 장기적으로 피부양자에서 제외하여 도덕적 해이를 방지하고 일정 수준 이상의 재산, 자동차 등 능력이 있는 피부양자는 피부양자 조건을 강화하여 능력에 맞게 부담시킨다는 사회보험 원칙에 충실하게 조정할 필요가 있다. 마지막으로 보험료 부과대상에서 누락된 소득연금, 금융, 임대, 양도 등에 대해서도 보험료를 부과하는 방안을 검토할 필요가 있다.

보장성 강화

보장성 강화에 있어서는 검사, 처치 및 수술, 주사, 치료재료 등 치료와 직접 관련이 있는 항목을 우선 급여화할 필요가 있다. 안전성 및 유효성이 검증된 부분을 우선 급여 범위에 포함하되 재정상황에 따라 본인 부담률은 점진적으로 인하해야 한다. 그다음으로 선택진료비를 급여 범위 내에 포함하되 지급방법을 개선해야 한다.

현재 선택진료비는 시설 등의 차이를 반영하기 위해 상급종합병원에 지급되고 있지만 앞으로는 의료기관 수준 평가를 통해서 인센티브 형식으로 개편할 필요가 있으며, 최종적으로는 본인 부담액 전체에 대해 상한선을 설정할 필요가 있다. 더불어 본인 부담의 구조조정도 필요한데, 제도의 효율적 운용을 위해 중 질환 중심의 입원은 중장기적으로 약 80%현재 약 61.6%

의 보장률을 목표로 하고 외래는 약 65%현재 약 57.8%로 설정할 필요가 있다. 건강보험의 보장성 확대는 국민의 동의를 얻어서 시행하되 건강보험의 지속가능성을 최우선적으로 고려하여 재정범위 내에서 단계적으로 진행해야 한다.

진료비 지불제도 개편

진료비 지불제도는 DRG, 총액예산제, P4P 등 공급자에 책임을 부과하는 방식으로 개편이 필요하다. 외래진료에 대해서는 인두제를 통한 주치의 방식으로 예산총액을 결정하고 입원진료에 대해서는 DRG를 전면 도입하되 총액을 결정한 후 에피소드 건수에 따라 사후가격제를 도입할 필요가 있다. 이를 위해서는 의원과 병원의 경영실태, 재무성과와 원가구조 등에 관한 객관적 자료와 특히 병원의 회계기준 정립이 필요하며, 의료전달체계의 확립을 통한 의료기관의 기능적 분화 및 일반의와 전문의 간 역할분담이 정립되어야 한다.

또한 총액진료비 계약제가 특정 진료영역, 즉 보험진료에만 적용될 때에는 비보험 진료영역으로 대체효과가 발생할 우려가 있으므로 보험급여의 지속적인 확충도 필요하다. 더불어 의료의 질 관리를 위한 시스템 구축을 위해 의료서비스 평가제도를 확립하고 의료기관에 대한 정보공개 확대 및 IC카드를 통하여 환자에 대한 통합 연계서비스를 제공하는 체계를 구축해야 한다. 또한 제도 개편 당시 공급자들이 동의할 수 있는 정도의 수가 조정도 필요하다.

수가 결정방식 개선방안

수가 결정방식 개선에는 먼저 유형별 계약제에서 협상기회를 단일화해야 한다.

1. 공급자와 가입자가 동등한 입장에서 의사를 표시하고 타협할 수 있는 여건
2. 협상의 자료로 사용될 데이터에 대한 합의
3. 가입자와 공급자가 합의하에 공동으로 연구단을 만들어 연구 방법, 필요 데이터, 데이터 구득 방법 등에 대해 합의하고 연구 결과를 준수하는 것으로 사전에 합의하는 방안
4. 수가, 보험료가 동시에 자동으로 결정될 수 있는 산식 개발

수가에 영향을 미치는 요소보장성 확대, 물가 변동, 인구구조 변동, 기술의 발달 및 공급량의 변화 등를 선별하여 수가가 결정될 수 있는 방식을 도입하고 수가가 결정되면 자동으로 보험료가 결정될 수 있는 방식을 도입하여야 할 것이다.

만성질환 관리 방안

만성질환 관리를 위하여 주치의 제도와 노인 만성질환 캐어매니지먼트 제도 도입이 필요하다. 만성질환 관리 일차의료 팀(가칭)은 지역사회를 중심으로 한 전달체계로서 주치의, 지역 간호사, 사회복지사 등으로 구성할 수 있다. 사회복지사가 케어매니저가 되어 만성질환 환자에게 적합한 지역사회 건강자원예.

보건소 건강증진 프로그램 또는 민간부문 건강관련 시설과 의료기관을 이용할 수 있도록 조정 및 안내할 수 있을 것이다. 이를 통해 병의원 이용이 자유롭지 못한 만성질환 노인을 위해서 가정방문home care · 왕진서비스를 통해 필요한 지역사회 니즈를 충족시킬 수 있다. 만성질환관리 일차의료팀은 병원에서 퇴원한 만성질환 노인에 대한 질환관리, 장기요양보험에서 재가복지서비스를 받는 노인에 대한 방문간호를 제공하므로 일차의료주치의와 긴밀하게 연계되어져야 할 뿐 아니라 병원 의료복지사사례관리사와 장기요양보험 캐어매니저와 긴밀하게 연계되는 전달체계 구조가 있어야 한다. 또한 노인 건강상태에 따른 적합한 기관병원, 시설, 홈 이동과 장기요양보험대상자등급외 판정자 포함에 대한 만성질환 관리서비스를 강화시킬 필요가 있다.

약제비 효율화 방안

약제비 효율화 방안 중 1안으로서 특허 만료 후 시장에서 가격변경을 자유로이 하고, 낮은 가격 순으로 정렬하여 전년도 판매량을 기초로 하였을 때 시장의 일정 퍼센트를 공급할 수 있는 제품들을 제시하고, 조제 시 이들 약 중 하나로 의무적으로 대체하도록 하는 것을 생각해 볼 수 있다. 다만, 환자가 비싼 약을 고집하면 처방의가 인정하는 의료적 이유가 존재하지 않는 한 약값을 전액 본인 부담으로 해야 한다.

2안은 참조가격제를 도입하되, 참조가격보다 가격이 일정 퍼센트 이하인 제품을 조제할 경우 약제비와 관련한 환자 본인

부담을 면제 혹은 경감시키는 방안을 생각해 볼 수 있다. 이 경우, 앞으로 전문과목별, 질병별 목표 예산을 정하고 이를 충족시켰는지에 따라 인센티브, 디스인센티브를 부여할 수 있을 것이다. 그런데 원내 시장에 적용되는 정책은 약에 대해 별도의 정책을 도입하기보다 전반적인 지불보상제도의 개혁 방향 속에서 해결되어야 한다. DRG나 총액예산제 등 환자 치료에 소요되는 모든 비용에 대해 포괄적으로 상환기준을 정하고, 그 속에서 분야별 선택은 의료기관에 맡겨야 한다.

의료 안전망 구축 방안

건강보험 소득 계층별 본인 부담 상한제법정 급여 범위 내를 세분화하여 적용할 필요가 있다. 소득 기준 하위 50% 이하에게 일률적으로 적용되고 있는 본인 부담 상한제의 소득 구간을 세분화하여 30% 이하의 계층에게는 본인 부담 상한선을 100만 원으로 인하하여야 할 것이다.

또한, 소득 계층별 본인부담 차등제를 도입하여 취약 계층의 의료비 부담을 완화할 필요가 있다2009년 기준 약 4,540억 원 소요. 소득 기준 하위 20%가 입원하면 현행 20%에서 15%로, 외래는 현행 30%에서 20%로 경감시켜야 할 것이다. 이 경우 경상소득 기준 최저생계비 이하의 계층 중 의료급여 수급자가 아닌 사람들전 국민의 약 5%에게 건강보험 보험료를 면제하여야 할 것이다. 또한 의료급여 수급자에서 탈피하여 건강보험으로 자격이 옮겨진 계층에게 2년간 한시적으로 의료급여 2종의 본인부담률을 적용해야 한다약 21만 명에게 1년에 약 119억 원 소요.

마지막으로 의료 안전망 기금 설치가 필요하다. 실업, 파산, 재난 등 긴급한 상황에 처한 가구, 소득 기준 일정 수준 이하의 가구로 보험료를 체납하고 있거나, 본인부담 의료비비급여 포함가 일정 기준예: 한 달에 20만 원 이상을 초과한 가구를 지원 대상으로 하여 대불하되 분납 납부할 수 있도록 하고 일정 기간예: 3년 후 상환 능력이 없는 것으로 판단되는 가구는 결손 처분하는 방안을 생각해 볼 수 있을 것이다.

최근 정부와 한나라당은 현금, 부동산 등 자산을 기부하면 본인 또는 유족에게 기부금액의 일정액을 정기적으로 지급하는 기부연금신탁제도를 도입하기로 하였다. 이는 기부자가 자선단체에 재산을 기부하는 단계에서 본인 또는 가족 사망 시까지 매달 얼마씩 지급받을지를 계약하는 방식으로 운영된다.

이 부분은 권경석 의원의 정책 자료집에서 크게 인용하였다.

민간기부제도

경제 · 사회적 불평등을 해소하는 가장 유력한 수단은 정부의 복지정책이지만, 민간 기부 역시 중요한 역할을 한다. 흔히 복지부문에서의 민간 기부의 역할을 간과하거나 가볍게 보기 쉽지만 실제 선진국에서는 자발적 기부가 활성화되어 있으며, 그 규모가 상당히 크다. 예를 들어 민간 기부가 가장 활성화된 미국은 민간 기부가 GDP의 2.2%에 달한다. 아울러 미국은 공공복지지출의 비중이 비교적 낮지만 민간 기부를 포함한 민간이전*Private Transfer*의 복지 규모는 유럽국가들과 거의 비슷하다는 연구결과*Adema*가 있다.

어쨌든 우리나라의 기부는 그 양적 · 질적인 면에서 선진국에 못 미친다는 것은 확실하다. 총량이 적은 것은 우리의 소득수준*1인당 GDP*이 선진국에 못미치기 때문에 불가피한 측면이 있지만, 1인당 복지지출의 비중이 선진국에 못 미치는 것은 문제라 하겠다. 다만 최근 민간 기부의 규모가 많이 늘어난 것은 그나마 다행이라 할 것이다.

왜 우리나라의 기부금의 규모가 아직 적을까? 여러 원인이 있을 수 있다. 우선 우리의 경제 규모가 충분치 않은 것과 역사적·문화적 배경이 서구와 달라 기부에 익숙하지 않은 것 등도 원인으로 들 수 있다. 아울러 세제 등 기부를 뒷받침할 수 있는 제도의 미비도 한 원인이 된다. 기부가 활성화되려면 적어도 초기에는 세제상의 혜택 같은 것이 필요하다. 그런데 우리나라의 기부금에 대한 세제지원은 최근 많이 증가했음에도 아직 미흡한 수준이다. 그 이유는 과거 재벌 등의 지배구조 확보에 악용된 경우도 있어 이에 대한 반작용인 측면도 있다. 앞으로 이에 대한 개선이 필요할 것이다. 기부금 활성화를 위한 정책대안을 제시하기 전에 우리나라 기부금의 현황을 살펴보기로 하자.

우리나라의 2009년 기부금 총액은 9.6조 원으로 10년간2.9조, 1999년 약 3배 증가하였으나, GDP 대비 기부금 비중은 0.85%로 미국2.2%의 5분의 2 수준에 불과하다. 특히 우리나라는 종교단체의 기부가 많은데 종교단체를 제외한 기부금 총액은 5.3조 원 수준이다. 한편 기부금 구성비율은 개인이 64%, 법인이 36%였다. 2009년 국세청에 신고된 452만 명의 개인 기부액은 총 6.1조 원으로 1인당 평균기부액은 136만 원에 달한다. 이와 같은 우리나라의 연간 개인 기부금 총액은 국내총생산GDP의 0.5% 수준인데2008년 국세청 기준, 이는 호주0.69%, 남아공0.64%과 비슷하고 기부 선진국인 미국1.67%의 3분의 1에 불과한 수준이었다. 그런데 문제는 기부의 내용이다. 개인 기부의 86.3%는 종교단체에 대한 기부였고2010년 6월 한국조세연구원, 2001년 연세대 동서문화연구원, 이 중 사회봉사에 쓰이는 비중은 30% 미만으로 추정된다. 반면 영국은 교회 등 종교기관에 기부하는 돈이 개인 기부금 중 13%에 불과하고, 미국도 30% 수준에 그쳤다. 결국 선진국과 비교하면 우리나라는 개인 기부금의 상당 부분이 사회복지지출에 직결되지 않는다는 문제를 가지고 있다 하겠다.

종교단체 기부를 제외하면 개인 기부는 8,425억 원으로 1인당 18만 원 수준이었는데, 이는 미국인1220달러, 143만 원의 7분의 1, 영국인372파운드, 67만 원의 3분의 1 수준이었다.

2009년 국세청에 신고된 법인 42만 개의 기부액은 총 3.4조 원으로 평균 기부액은 825만 원이었다. 사회공헌실태조사 결과, 분야별 지출은 사회복지53.9%, 교육 · 학교 · 학술25.5%, 문화예술8.7%로 사회복지분야 기부가 점차 증가하는 것으로 나타났다2009년 '기업 · 기업재단 사회공헌백서', 전경련.

우리나라의 민간 기부단체는 기부금 모집 및 배분 방법에 따라 전문모금기관, 독립재단, 가족 · 개인재단, 운영재단, 지역사회재단 등으로 분류된다. 현재 전문모금기관은 사회복지공동모금회14) 이 단체는 미국의 United Way를 모델로 하여 설립되었다. 하나가 있으며 독립재단으로 아이들과 미래, 아름다운 재단 등으로 이들은 모금한 기부금을 복지단체에 배분 지원한다. 한편 월드비전, 어린이재단, 굿네이버스 등 운영재단과 기타 풀뿌리단체들은 모금액으로 자체사업을 실시한다. 이 단체들은 전문적인 모금을 위해 명칭은 다르지만 모금사업본부, 재원조성본부, 후원개발본부, 모금상품별 팀제 등 모금전담부서를 두고 있다. 개별 단체들은 개인과 기업을 대상으로 온·오프라인 모금을 병행하고 각 단체의 특성을 살려 모금방법을 다양화하고 있다. 예를 들어 어린이재단은 저금통 사업을 통해 다양한 계층이 일상에서 기부를 생활화할 수 있도록 유도하고 있으며, 월드비전과 굿네이버스는 각각 '기아체험 24시간'과 '사랑의 굶기 운동'을 통해 결식아동을 지원하고 있다. 또한 아이들과 미래는 기업 임직원들이 매월 밥 한 끼를 기부하는 프로그램인 '한 끼 지렛대'를 실시하고 있다.

그러면 우리나라에 이와 같은 기부단체는 얼마나 될까? 민간단체 전체 현황에 대한 조사가 이루어지지 않은 실정이라 정확한 숫자를 파악하기는 어렵지만, 국세청에 신고한 공익법인의 절대다수는 기부금을 모집할 것으로 추정되는바, 이에 의해 민간모금단체 현황을 간접적으로 파악해 보면 다음과 같다.

국세청에 신고한 공익법인은 27,811개로 이 중 종교법인을 제외하면 17,586개였으므로 이들을 민간모금단체로 일단 볼 수 있다2010년 7월 21일 기준. 이 중 종교법인 점유비가 63.2%로 가장 높았으며, 이어서 학술·장학·자선이 10.6%, 사회복지가 6.3% 순으로 나타났다.

다음으로 배분현황을 살펴보자. 사회복지공동모금회의 2010년 기준 총 배분액은 3,422억 원이었으며, 지정기탁이

62.5%2,139억 원로 비중이 가장 컸다. 대상별로 지역복지 1,440억42.1%, 아동·청소년 582억17%, 노인 286억8.4% 순으로 나타났다. 월드비전은 2010년 총 배분액은 총 1,233억 원으로, 대상은 국내·외 아동 지원, 긴급 구호 등이었다. 어린이재단의 2010년 총 배분액은 국내사업비와 해외·북한사업비를 합쳐 총 1,000억 원이었다.

다음으로 각 단체 운영비 현황을 살펴보면 다음과 같다.

현재 기부금품의 모집 및 사용에 관한 법률 및 시행령 별표에 의해 단체규모에 따라 모금액의 10~15%까지 운영비로 쓸 수 있다. 실제로 사회복지공동모금회는 6~7%를 운영비로 사용하고 있으며 월드비전 등 모금단체들은 평균 7~8%의 운영비를 지출하고 있는 것으로 알려져 있다.

한편 기부금은 공익성 정도에 따라 법정기부금, 지정기부금으로 분류되고 있다. 그리고 이러한 분류에 따라 각각 소득공제 및 필요경비 산입 한도를 정하고 있다. 과거에는 이 구분이 법정·특례·지정기부금의 3가지 종류였으나 지나치게 복잡하다는 지적에 의해 2010년 세제 개편을 통해 특례기부금을 폐지하고 법정·지정기부금으로 기부금 구분 체계를 간소화하였다.

우선 법정기부금으로 지정되면 그에 기부한 법인은 소득금액에서 이월결손금을 공제한 금액의 50%를 한도로 소득공제한다. 2005년까지는 공제 한도가 100%였으나, 2006년부터 2008년까지 75%, 2009년 50%로 축소되었다. 개인은 소득의 100%를 한도로 비용을 인정하며, 법정기부금을 인정받는 대상도 법인보다 광범위하게 구성하고 있다. 한편 사회복지, 학술·장학 등 민간 비영리단체의 주요 활동 분야를 대상으로 하는 지정기부금은 법인 10%, 개인 30%를 한도로 소득공제한다2010년 세제개편을 통해 개인은 20%에서 30%로, 법인은 5%에서 10%로 소득공제 한도를 확대한 것임.

그러면 민간기부를 활성화하기 위해 어떤 방안들이 필요할까? 우선 상속·증여세법 개정을 통해 성실공익법인의 주식보유를 확대할 필요가 있다. 이미 지적한 바 있지만 과거 주식기부가 편법 증여의 수단으로 악용되었던 예가 상당히 있었으며 이에 따라 주식기부가 건전한 기부 문화의 정착을 가로막고 있었던 것이 사실이다. 따라서 이러한 부작용을 막으면서 고액 기부를 유도하기 위해서는 회계가 투명하고 감사를 지속적으로 받는 성실공익법인에 한해 세제혜택을 받는 주식보유의 한도를 확대할 필요가 있다.

두 번째로는 지정기부금에 대한 세제혜택을 확대하여 특정단체로 모금이 집중되는 것을 완화할 필요가 있다. 현행법상 사회복지공동모금회에 기부하면 법정기부단체이므로 개인 100%, 법인 50%의 소득공제를 받지만, 다른 민간단체에 기부할 경우 공제혜택은 개인 30%, 법인 10%에 그친다. 이로 인해 민간기부금 수입의 50% 이상을 사회복지공동모금회가 차지하고 있는 것이 현실이다. 따라서 소득세법, 법인세법개정을 통해 지정기부금 혜택을 확대하여 특정단체에 대한 쏠림 현상을 완화해야 한다.

세 번째 모금단체에 대한 정보공개와 감독을 강화해야 한다. 지정기부금단체와 공익법인은 자사 홈페이지와 국세청 홈페이지를 통해 모금·배분내역 등을 공개하게 되어 있지만 이것이 제대로 이루어지지 않고 있다는 지적이다. 따라서 모금단체가 공시의무를 준수하도록 관리·감독을 강화할 필요가 있으며, 구체적으로는 현재 상속·증여세법상 10억 원 이상으로 제한된 공시의무기준을 축소할 필요가 있다.

네 번째로는 중복·편중된 배분문제를 완화할 필요가 있다. 복지서비스의 중복·편중 배분은 매우 심각한 상태로 평가된다.[15] 지역주민/가족분야를 시설별, 기관별로 살펴보면 30개 사업 중 30개가 겹치는 경우도 있다. 따라서 모금액 배분 시 지역사회복지협의체의 의견을 수렴할 수 있도록 사회복지공동모금회법을 개정하여 중복·편중을 완화할 필요가 있다. 또한, 정부 차원에서 민간단체가 적용·사용할 수 있는 표준화된 배분 매뉴얼을 개발하여 배포하고, 현재 단체가 직접 감사인을 지정하도록 되어 있는 것을 정부가 지정하도록 상속·증여세법을 개정함으로써 공익법인의 회계감사제도를 강화해야 한다.

마지막으로 철저한 감시기능을 통해 운영비의 과다·부실 사용을 감독해야 한다. 기부사업을 운영하기 위한 운영비 지출은 불가피한 것이다. 그런데 운영비란 기부금 일부가 수혜자에게 전달되지 않고 사용되는 것이기 때문에 항상 적정 규모가 논란의 대상이 된다. 이미 살펴본 바와 같이 사회복지공동모금회와 여타 민간모금단체들이 법정한도액 이하의 운영비를 사용하고 있지만, 과다·부실 사용도 발견되고 있다.[16] 최근 사회복지 공동모금회에서 발생한 불미스러운 사례가 이러한 문제점을 잘 보여주고 있다. 따라서 운영비 사용의 공개를 강화하고, 회계감사를 철저히 하여 부실 경비 사용을 제한해야 한다.

　　최근 정부와 한나라당은 현금, 부동산 등 자산을 기부하면 본인 또는 유족에게 기부금액의 일정액을 정기적으로 지급하는 기부연금신탁제도를 도입하기로 하였다. 이는 기부자가 자선단체에 재산을 기부하는 단계에서 본인 또는 가족 사망 시까지 매달 얼마씩 지급받을지를 계약하는 방식으로 운영된다. 이때 연금수령액이 기부액의 30~50%를 넘지 못하도록 할 방침이다. 이는 지난 1974년 거액의 부동산을 화천경찰서에 기부했지만 지금은 기초생활수급자로 전락해 생활고를 겪는 손부녀 할머니와 같은 사례를 방지하고자 하는 대책의 일환이라고 할 수 있다. 즉, 기부자의 명예를 높여주고 기부 이후 생활이 어려워지면 생활비, 의료비, 장제비 등을 지원하기 위한 것인데 매우 바람직한 정책이라고 판단된다.

　　미국의 경우 기부연금은 보편화되어 있는 제도로 2009년을 기준으로 기부연금 수령자는 8,200여 명에 총 150억 달러 규모에 달한다. 기부연금제도의 도입은 기부와 동시에 여생동안 소득도 함께 보장해줌으로써 기부를 활성화하는 데 기여할 것으로 기대된다.

　　한나라당과 정부는 이러한 정책 등을 통해 현재 GDP 대비

0.85%인 기부금 규모를 선진국 수준인 2%대로 끌어올리는 것을 목표로 하고 있다. 시간은 걸리겠지만 올바른 목표 설정이라고 생각된다.

기부는 하는 사람과 받는 사람 모두에게 보람이 있는 일이고 노블레스 오블리주의 전형이라고도 할 수 있다. 따라서 위에서 언급한 활성화 방안을 조속히 시행하여 복지정책의 한 축으로 정착시켜야 할 것이다. 물론 자발적인 기부가 복지정책의 중심역할을 맡을 수는 없다. 다만 강제성을 가지는 여타 복지정책 수단에 덧붙여 자발적 기부가 중요한 보완수단이 된다는 것 역시 틀림없는 사실이라 하겠다.

THE WELFARE WE DREAM

생애 단계별
맞춤형 복지

한국형 복지국가로 구조개혁을 추진해야 한다. '평생맞춤 복지'를 한나라당의 복지비전으로 제시함과 동시에 한국형 복지국가로의 구조개혁을 추진해 통합관리자로서의 국가의 역할을 강화해야 한다.

여기서는 최근 발표된 한나라당의 복지비전을 요약 · 정리하고자 한다. 필자도 작성과정에 참여했는데, 이것은 향후 우리나라의 복지 발전의 기본방향을 잘 요약하고 있다고 생각한다.

한나라당 복지비전

복지환경 변화에 따른 복지비전 재정립의 필요성

저출산 · 고령화, 양극화, 세계경제의 위기 반복 등으로 경제 · 사회 · 문화적 차원에서 복지환경이 빠르게 변화하고 있다. 자본주의 황금기에 만들어진 소득보장중심의 전통적인 복지국가형태는 인구 · 가족구조의 변화, 탈산업화, 국제적 경쟁의 심화 등 대내외적 상황변화로 더 이상 존립하기 어려워지고 있다. 우리나라는 한강의 기적으로 요약되는 고도성장기의 종언과 일자리 없는 성장, 저출산 · 고령화 등에 의해 촉발된 새로운 사회적 위험 속에서 국민들이 삶에 대한 전반적인 불안을 호소하고 있는 상황이며, 생애단계별로 고른 기회가 주어지고 재도전의 가능성이 보장되는 새로운 사회시스템이 필요하다. 서구 선진복지국가의 성공과 실패를 잘 따져서 책임성 있는 한국형 복지비전과 전략을 제시하고 복지국가의 구조개혁을 선제적이고 적극적으로 달성해야 하는 것이 시대적 사명으로 부상하고 있다.

복지 기조를 놓고 이루어지고 있는 무의미한 이념대립과 정치적 허위논쟁에서 탈피하여 수요자 중심으로 국민행복을 실효성 있게 책임지는 복지가 필요한 때이다. 특정한 복지국가모형을 무작정 따라 하는 것에서 벗어나 현재와 미래의 환경변화에 걸맞은 한국형 복지국가모형을 찾아야 할 것이다. 보편주의와 선별주의의 이분법에서 탈피하여 보편과 선별이 필요에 따라 조화를 이루는 가운데 재정적으로 지속 가능해야 한다. 질 낮은 서비스를 양적으로 확대하는 것에서 벗어나 법과 원칙에 입각한 우선순위에 따라, 품질 높은 서비스를 꼭 필요한 계층부터 단계적으로 확대하는 복지전략을 마련해야 한다.

복지비전 : 평생맞춤 복지

모든 국민에게 평생 생애 단계별로 꼭 필요한 것을 필요한 때에 맞춤형으로 지원해야 한다. 국가의 긴급한 보호가 필요한 저소득층뿐만 아니라 모든 국민이 평생에 걸쳐 생애 단계별로 겪게 되는 다양한 위험에서 벗어날 수 있도록 소득과 사회서비스를 함께 보장하여 평생 생활 안전망을 구축하는 '생애 단계별 맞춤형 복지국가'로의 전환이 필요하다.

첫째, 누구나 필요한 출산, 보육, 교육, 일자리, 보건·의료, 주거, 노후생활 등의 기본적 욕구에 대해 국가와 지자체가 책임지는 '평생 복지'로의 전환이 필요하다.

둘째, 보편적 복지영역에 대한 국민 기본생활의 보장과 더불어 개별적으로 꼭 필요한 급여와 다양한 서비스를 필요에 따라 제공하는 '맞춤 복지'로의 전환이 필요하다.

셋째, 국민이 사회적 위험에 빠지는 것을 미리 막아주는 '선제적·예방적 복지'로의 전환이 필요하다.

한국형 복지국가로 구조개혁을 추진해야 한다. '평생맞춤복지'를 한나라당의 복지비전으로 제시함과 동시에 한국형 복지국가로의 구조개혁을 추진해 통합관리자로서의 국가의 역할을 강화해야 한다. 소득보장에서 생활보장으로의 개념적 전환을 통해 사회서비스 중심의 일자리를 늘리는 등 성장과의 선순환이 가능한 복지국가를 지향해야 한다. 그리고 복지정책의 추진·운영체계를 재정비하여 사각지대 및 복지전달체계의 문제를 근본적으로 해결해야 한다.

복지전략과 정책방향

새로운 복지비전의 전략적 원칙에 따라 생애 단계별 복지정책을 맞춤형으로 제시해야 한다.

1단계로 육아종합정책안심하고 맡기는 보육, 2단계로 교육희망사다리정책내실 있고 기회가 고른 교육, 3단계로 일자리와 주거 보

| 영유아 | 아동 | 중고생 | 대학생 | 청장년 | 노인 |

| 안심하고 맡기는 보육 (에듀케어) | 내실 있고 기회가 고른 교육 | 반듯한 일자리 · 주거 · 건강 · 노후생활 |

장, 4단계로 건강과 노후생활보장을 제시해야 한다.

보육과 교육은 전 국민이 누구나 경험하게 되는 복지수요라는 점에서 보편주의에 입각하되 꼭 필요한 계층부터 내실 있게 지원하는 등 단계적으로 추진해야 한다.

학교급식에 대한 지원은 각 지자체가 처한 상황에 따라 자율적으로 결정하되, 한나라당은 무상급식을 단계적으로 확대하는 것을 지지해야 한다. 급식의 질이 도외시되는 전면적 무상급식을 앞당기기보다는 안전하고 질 높은 친환경 영양급식에 대한 지원을 단계적으로 확대해 가는 것을 권고해야 한다.

보육도, 부모들이 각자의 사정에 따라 안심하고 맡길 수 있도록 연령별로 촘촘하게 짜인 안전하고 품질 높은 보육시스템을 만들고 취약지역부터 국공립 보육시설을 단계적으로 확충하며 종사자의 처우를 전향적으로 개선해야 한다. 유아기부터 균등한 교육기회가 제공될 수 있도록 의무교육의 개념적 대상연령을 보다 어린 나이로 확대하는 등 보육의 교육화에듀케어를 우선적으로 추진하고, 장기적으로는 실질적인 고교 의무교육까지 실현하는 것을 단계적으로 추진한다. 보육이나 교육의 기회균

등 확대도 품질이 보장되지 않는 무차별적인 양적 확대를 지양하고, 안전하고 내실 있는 고품질의 보육과 교육을 제공하는 것부터 먼저 지향해야 한다.

※ 한나라당 복지정책 Series I - 'AAA+ 육아정책'을 먼저 발표하고 이어서 Series II - '교육희망사다리' 등 구체적 복지정책은 각론으로 곧 발표할 예정이다.

그리고 사회보험의 사각지대를 해소시켜야 한다. 노후소득보장-고용안정-산재보호-의료보장-장기요양보장을 위한 5대 사회보험국민연금, 고용보험, 산재보험, 건강보험, 장기요양보험의 사각지대가 너무 광범위하다. 이러한 사각지대를 두고 복지의 보편주의를 논하는 것은 허구인 만큼 사각지대 해소를 최우선 과제로 선정해야 한다. 대안으로 당정은 사회보험료 지원방안을 마련하고 있다.

※ 기타 복지정책에 대해서도 추후 정리하여 시리즈로 발표할 예정이다.

복지재원 조달방향

복지지출 현황과 전망

인구 · 산업 · 가족 구조의 변화로 복지수요는 지속적으로 증대하고 있으나 사용 가능한 재원은 제약되어 있는 상황이다. 글로벌 금융위기의 잠재적 상시화로 선진국은 복지 재구조화를 추진해야 한다. 그리고 사회복지지출 현황, 정부 정책 방향과 우선 지출 필요 분야에 대한 국민적 합의 도출을 기초로 적정 복지수준과 재원조달 방안 모색이 필요하다.

2011년 정부의 총지출 309.1조 원 중 보건복지분야 지출은 보건, 복지, 노동, 보훈, 주택 등은 86.4조 원28%이다. 2012년 예산안 에서는 정부 총지출 326.1조 원 중 92조 원28.2%으로 2011년 대 비 6.4% 증가하였다. 최근 5년2007~2011간 연평균 보건복지지출 증가율은 8.9%로 정부 총지출 증가율 6.7%를 크게 상회하였다.

고령화, 연금제도 성숙 등으로 빠른 속도의 복지 지출 증 가가 예상된다. 최근 7년2000~2007간 우리나라의 공공사회복지 지출 증가율은 연평균 14.2%로 OECD 국가 평균6.3%에 비해 약 2.5배 빠른 속도이다. 현행제도 유지 시 복지지출은 2030년 미 국 수준15%, 2040년 일본 수준18%, 2045년 이후 OECD 평균 수 준20.6% 상회가 전망된다.

※ 미국, 일본, OECD 평균은 2005년 기준으로서, 2009년에는 GDP 대비 9.51%에서 2050 년 21.61%로 12.1%p 증가가 예상된다.

재원조달 기본원칙

저출산·고령화와 양극화, 불안정한 경기상황 등을 고려할 때 복지재정의 확충은 반드시 필요하다. 부처 간 칸막이를 허물 고 전달체계를 개혁하여 투입된 예산대비 효과를 높여서 국민 의 복지 체감도와 만족도를 극대화해야 한다. 부족한 재원은 불 필요한 예산의 삭감 등을 통해 조달하며, 탈세를 막고 비과세감 면을 축소하는 등 조세개혁을 통해 마련해야 한다.

추진 전략

복지 누수와 중복을 막고 실효성을 높이는 것이 최우선이다. 첫째, 현금 중심에서 사회서비스와의 균형에 의해 중장기 재원을 확충해야 한다. 현금 중심은 소외탈출 가능성이 낮아서 지속적인 재원 소요가 예상된다. 이에 대하여 사회서비스를 활용하면 소외탈출의 동력과 유인으로 작용해서 재원소요가 감소될 것이다. 또한 사회서비스 확충 자체가 새로운 시장과 고용을 창출할 것이다. 둘째, 부처 간 칸막이가 없어짐에 따라 중복 및 낭비 근본 원인이 해결될 것이다. 셋째, 전달체계의 획기적 개선에 의한 실효성 증대가 이루어질 것이다.

그리고 효과가 떨어지는 전시성 사업이나 불요불급한 SOC 투자 등 여타 부문의 예산을 줄여 복지확충을 위한 재원을 마련해야 한다.

또한, 조세개혁을 통해 재원마련을 해야 한다. 첫째, 세원 양성화를 추진해야 한다. 둘째, 비과세 감면을 축소해야 한다. 셋째, 세금 징수율을 개선하고 체납을 축소해야 한다국세 · 지방세의 징수율은 수년간 91% 수준에 정체되어 있다. 또한 2010년 국세 · 지방세 · 세외수입 · 법정부담금의 체납규모는 27조 원이었다.

마지막으로 조세체계를 개혁해야 한다. 조세체계의 단순화, 신고철자 및 서식의 간소화를 통해 조세저항과 행정비용징수비용+납세협력비용 축소를 통한 세원확충을 이루어야 한다.

2부
복지에 관한 세 개의 논문

안종범

서론

　　지금까지 노후소득보장에 관한 선행연구나 정책은 주로 인구구조 고령화 등에 따른 재정안정화 문제와 그 극복에 초점을 맞추고 있었다. 아이러니하게 우리나라 노인의 상대적 빈곤율은 45%로 OECD 국가 중 1위이다. 이는 일본을 제외한 OECD 국가들이 1960년대에 거의 노인의 100%에 대해 공적연금을 제공한데 반해 우리나라는 국민연금의 도입이 늦어 제도의 성숙도가 낮은데서 원인을 찾을 수 있다. 더불어 우리나라의 노후소득보장제도는 외형적으로는 다층체계를 갖추고 있지만, 각 제도의 내실은 크게 없는 실정이라는 점에도 주목할 필요가 있다. 즉, 우리가 당면한 현실은 노인빈곤 문제(보장성 문제)와 노후보장제도의 재정적 안정성을 동시에 추구하여야 하는 상황이며, 이와 같은 배경 하에서 우리나라의 노후소득보장의 발전방향을 검토하는 것은 시의적절한 과제라고 볼 수 있다. 본 연구는 인구 고령화에 따른 연금재정위기 문제를 고려하면서 우리가 처한 노인빈곤 위기를 효과적으로 극복하기 위한 노후보장제도의 개선방향을 모색하고자 한다.

서론에 이은 제1에서는 노후보장을 둘러싼 환경여건을 살펴본다. 인구고령화 및 소득양극화 등 환경변화와 노후보장간의 상관관계를 분석하면서 최근의 환경변화는 흔히 강조되는 재정위기뿐만 아니라 빈곤위기를 악화시킬 우려가 있음을 강조한다. 제2에서는 인구구조 고령화 등에 따른 연근재정 및 노인빈곤을 극복하기 위한 주요 선진국의 연금개혁 동향을 간략히 검토한다.

　　제3에서는 현행 노후보장제도의 현황과 문제점을 살펴보고, 현행 노후보장체계를 유지할 경우 노인빈곤위기가 어느 정도 심각한지를 고찰한다. 제4에서는 현행 노후소득보장제도의 개선방안으로써 모수적 개혁과 구조적 개혁 방식을 모색해본다. 마지막은 재정안정화와 빈곤문제를 동시에 극복할 수 있는 방안을 제시하고, 이를 평가한다.

노후소득보장제도의 현황과 개선방안[1]

1) 본고는 노후소득보장제도와 관련된 여러 논문 및 보고서를 참조하였으며, 그 중에서 특히 안종범. 이용하 (2010)의 내용을 인용·발췌 및 재정리하여 구성하였음. 논문에 대한 구체적인 내용은 참고문헌을 참조.

1. 노후소득보장의 환경 변화

인구구조 고령화

우리나라는 저출산과 고령화로 대별되는 인구구조 고령화, 즉, 총인구규모 감소, 노동력의 감소, 노인인구 비중의 증가에 따른 경제 · 사회적 부작용이 우려되고 있다. 특히 노후소득보장제도는 인구구조 고령화, 즉, 저출산 · 장수화 · 노인부양비 등의 변화에 따라 크게 영향을 받는 구조임은 주지의 사실이다.

1980년대 시작된 저출산 추세와 함께 평균수명의 연장 등으로 인구구조 고령화는 세계에서 유례없이 빠른 속도로 진행되고 있다. 출산율의 경우 2005년 1.08명 대비 2009년 1.15명으로 반등하는 추세에 있으나, 이는 OECD 평균인 1.71명에 크게 미달할 뿐 아니라 장기적으로 정상상태 유지가 곤란하여 2070년대 우리나라 인구는 현재의 절반 수준으로 감소할 전망이다

(국민연금재정추계위원회, 2008). 이와 같은 인구의 절대적 수준의 감소와 더불어 65세 이상 인구의 비중은 2010년 11%에서 2050년 38.2%로 급증할 전망이며, 15~64세 근로인구의 비중은 72.9%에서 53%로 급감할 것으로 예상되고 있다.

[그림 I] 우리나라의 연령별 인구구성비 전망

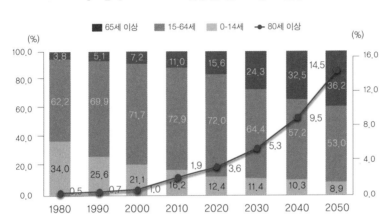

자료 : 통계청(2011), 한국의 사회지표, 보도자료 2011.3.7.

인구구조 고령화는 근로인구 감소와 연금수급자 및 수급기간의 증가에 따른 기여금 수입의 감소와 연금지출의 급증으로 연금재정수지의 급격한 악화를 야기할 전망이다. 더불어 노인부양비(15~64세 근로인구 대비 65세 이상 노인인구비율)에 공적연

2) 국민연금의 표준급여수준(40년 가입기준 평균소득자의 소득대체율)을 40%라고 가정할 경우임.

금수준[2]을 곱하여 조세 또는 보험료형태 등의 노인부양부담율을 산출할 경우 2070년대 말 25.7%~34.5%에 달할 전망이다.

분배구조 악화

지니계수로 살펴본 우리나라 분배구조는 1990년 초반까지 개선되다가 이후 악화되는 것으로 나타나며, 외환위기 이후 3~4년간 추세보다 더 악화된 분배를 보이나 이후 원래의 추세선으로 다시 돌아간 것으로 보인다. 2006년 이후 소득분배 악화추세가 약화되고 2006~2008년 사이 0.32 수준에 머무르고 있다고 평가된다.

[그림 2] 상대빈곤율과 지니계수의 변화 추이

주: 유경준, 「우리나라 빈곤변화 추이와 요인분석」, 「KDI 정책포럼」, 제215호, 2009.8.에서 재인용

분배악화와 더불어 외환위기 이후 노동시장 유연화 정책 등에 따라 비정규직 근로자 규모와 비중이 크게 증가하는 등 노동시장의 양극화가 진행되고 있다([그림 3], [그림 4], 〈표 1〉). 보다 심각한 문제는 비정규직 근로자의 경우 부담능력의 취약 및 소득파악 곤란 등으로 국민연금 등 사회보험의 적용에 있어서도 어려움을 가중시킬 전망이라는 점이다. 즉, 가입(적용)의 사각지대는 장기적으로 노후보장의 사각지대 및 노후보장의 양극화로 이어질 우려가 있다. 이병희(2010)에 의하면, 임금근로자 중 직장단위 국민연금·건강보험·고용보험에 모두 미가입 현황은 30%인데, 기업규모가 1~9인 사업장의 경우 56%까지 높아지고 있다([그림 5]).

[그림3] 비정규직의 규모와 비율 추이

(만명, %)

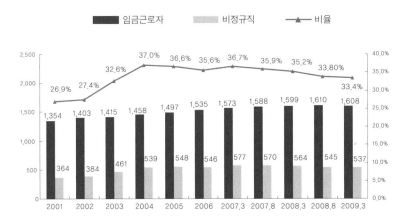

주: 안종범, 이용하, "노후소득보장제도의 발전방향과 연금재정의 안정화", 한국조세연구원에서 재인용.
자료: 노동부, 비정규직 통계현황(내부자료), 2009.

[그림 4] 정규직 대비 비정규직 월평균임금

(만원/%)

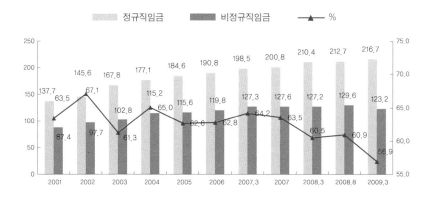

주: 안종범, 이용하, "노후소득보장제도의 발전방향과 연금재정의 안정화", 한국조세연구원에서 재인용
자료: 통계청, 경제활동인구조사 부가조사(09.3월)

〈표 1〉 정규직 대 비정규직의 후생복지 격차

(전년 동월 비교, %)

	국민연금		건강보험		고용보험		퇴직금		상여금		시간외		유급휴가	
	2008	2009	2008	2009	2008	2009	2008	2009	2008	2009	2008	2009	2008	2009
근로자 전체	63.4	64.9	64.8	66.6	55.6	57.9	60.0	62.2	55.8	57.8	42.6	43.1	51.0	54.1
정규직	77.6	78.7	78.2	79.5	65.6	67.3	74.3	76.3	71.2	73.5	54.9	55.0	64.6	67.4
비정규직	37.4	37.6	40.2	40.9	37.1	39.1	33.7	34.1	27.5	26.5	20.0	19.5	25.8	27.6

주: 안종범, 이용하, "노후소득보장제도의 발전방향과 연금재정의 안정화", 한국조세연구원에서 재인용
자료: 통계청, 경제활동인구조사 부가조사(09.3월)

[그림 5] 취업자 대상 사회보험의 가입자

(전체 근로자 대비, %)

주: 1) 공적연금은 국민연금, 공무원연금, 사립학교교직원연금 포함. 2) 국민연금은 가입자 중 납부예외자를 제외
2) 고영선, 「근로연령층의 빈곤증가에 대응한 정책과제」, KDI, 2011. 8. 17에서 재인용.

가구형태의 변화

저출산·고령화 및 핵가족화에 따른 가구형태의 변화와 가족 내 성역할분담의 변화는 노인의 빈곤위험(poverty risk) 및 노후보장정책에는 큰 영향을 미치는 요소이다. 우리나라의 가구형태는 부부가구(홑벌이 가구) 중심에서 여성의 사회진출 증가 및 독신자가구 증가 등으로 변화하고 있다. 이와 같은 변화는 전통적인 1가구 1연금 보장을 목표로 하는 노후소득보장제도가 한계에 직면해 있음을 보여주고 있으며, 단신 및 홑벌이 가구 등에 대해 상대적 과소보호(급여)가 이루어져 가구형태간 노후소득(연금)의 불평등이 악화될 것으로 전망되고 있다.

〈표 2〉 성별 국민연금 가입자 추이

(단위 : 천명, %)

구 분	2004.12	2006.12	2008.12	2009.12
전체(A)	17,070,217	17,739,939	18,335,409	18,623,845
남성(B)	11,151,951	11,293,404	11,369,032	11,409,767
여성(C)	5,918,266	6,446,535	6,966,377	7,214,078
여성가입자비율; C/A	(34.67)	(36.34)	(37.99)	(38.74)

주: 안종범, 이용하, "노후소득보장제도의 발전방향과 연금재정의 안정화", 한국조세연구원에서 재인용
자료: 국민연금공단(2010), 2009 국민연금통계연보 제22호 2010.6, pp.22~23.

〈표 3〉 성별 국민연금 평균가입기간

(단위: 개월)

구분	남(A)	여(B)	전체	B/A
평균가입기간	88.7	48.3	73.0	54.5

주: 안종범, 이용하, "노후소득보장제도의 발전방향과 연금재정의 안정화", 한국조세연구원에서 재인용
자료: 국민연금공단, 가입자 DB(2009년 12월말 기준).

2. 주요 선진국의 연금개혁 동향

　주요 OECD 국가들은 인구구조 고령화, 조기퇴직 경향, 노동시장유연화, 그리고 일·가정 양립에 대한 보호의 필요성 등에 따라 각종 정책 대응을 마련하였다. 이러한 정책대응은 연금제도의 개선이 중심이 되었고, 동시에 급속히 진전되는 고령화에 따른 연금재정위기에 대비한 연금개혁이 시행되고 있다.

　특히 고령자의 조기퇴직(은퇴)을 억제하기 위해 대표적으로 연금수급개시연령의 연기(〈표 4〉)[3], 은퇴자산조사(retirement earnings test)를 통해 연금지급액을 공제하거나, 조기은퇴 혹은 지연은퇴자들에 대해 패널티를 부여하거나, 크레딧을 주는 등의 모수적 개혁 조치(〈표 5〉)[4]를 시행하였다.

---

3) 기대여명 및 그에 따른 총수급기간의 상승에 맞추어 수급개시연령을 연장하거나, 수급개시연령의 상향을 평균수명의 연장에 아예 '자동으로' 연계시킨 경우(덴마크, 포르투갈 등)도 있음.

<표 4> OECD국가의 연금개혁 방향

(단위 : 천명, %)

	남성								여성			
	조기 수급 연령				정상 수급 연령				정상 수급 연령			
	1969	1979	1989	2009	1969	1979	1989	2009	1969	1979	1989	2009
호주	–	–	–	60	65	65	65	65	60	60	60	64.5
벨기에	60	60	60	60	65	65	65	65	60	60	60	63
그리스	–	–	60	60	60	60	65	65	55	55	60	65
헝가리	–	–	–	–	–	–	60	62	–	–	55	62
이탈리아	55	55	55	57	60	60	60	65	55	55	55	65
룩셈브루크	62	62	60	60	65	65	65	65	62	60	65	65
뉴질랜드	60	–	–	–	65	60	60	65	65	60	60	65
포르투갈	–	–	–	55	65	65	65	65	65	62	62	65
스위스	–	–	–	63	65	65	65	65	62	62	62	63
터키	60	–	–	–	65	55	55	60	55	50	50	55
영국	–	–	–	–	65	65	65	67	60	60	60	62
미국	62	62	62	62	65	65	65	66	65	65	65	66

주: 안종범, 정지운(2010)에서 일부 발췌하여 보완함.

---

4) 조기퇴직은 사회적 노동력의 상실을 의미하고 연금지출의 증가를 가져오는 요인으로 연금
   의 수급요건을 노동(근로참여)과 크게 연계시키는 방안으로 작용함.

⟨표 5⟩ 은퇴시점에 따른 페널티와 크레딧

국가	수급시기	연금급여 증가 및 감소
미국	Early Retirement Penalty	62세 이전의 경우 매년 -7.5%
	Delayed Retirement Credit	67세 이후의 경우 매년 +7.5%
캐나다	Early Retirement Penalty	60세 이후 65세 이전의 경우 매달 -0.5%
	Delayed Retirement Credit	65세 이후 75세 이전의 경우 매달 +0.5%
독일	Early Retirement Penalty	65세 이전 full entry factor(1.0)의 -0.003
	Delayed Retirement Credit	65세 이후 full entry factor(1.0)의 +0.005

주: 안종범, 정지운(2010)에서 재인용.

자료: Social Security Programs throughout the World: Europe, 2002
Social Security Programs throughout the World: the Americas, 2003
www.socialsecurity.gov

⟨표 6⟩ OECD국가의 연금개혁 방향

정책수단	해당국가
연금수급개시연령 연기	- 남녀 모두의 수급연령 연기 · 이탈리아, 미국 등 11개국 - 여성의 수급연령 연기
고령근로의 유인 강화	- 프랑스, 독일, 이탈리아, 영국 등 10개국
(법정퇴직연령 이전) 자발적 조기퇴직 요건 강화	- 프랑스, 이탈리아 등 9개국
직접적인 급여수준 삭감	- 급여승률 하향 조정(오스트리아, 일본 등)

주: 안종범, 정지운(2010)에서 재인용.

이와 더불어 스웨덴, 이태리, 독일, 일본 등 선진복지국가들은 2000년을 전후로 기존의 모수적 개혁(parameter reform)에서 탈피하여 급여수준을 근본적으로 크게 조정하는 구조적 개혁(structural reform)을 시도하였다. 이는 확정급여형(defined benefit; DB)에서 확정기여형(defined contribution; DC) 또는 준확정기여형(quasi-defined contribution; quasi DC) 제도[5]로의 전환이 두드러진 특징인데 이러한 개혁의 본질은 급여수준을 인구 및 경제적 위험에 따라 적절하고 유연하게 축소하는데 있다.

공적연금에서 부분적립(partial funding)을 강화시켜 부과방식이 인구고령화에 민감하게 반영함으로써 보험료부담이 크게 상승하는 문제를 극복하고자 하는 시도가 두드러지고 있다. 대표적으로 미국, 캐나다, 호주, 뉴질랜드 등은 미래세대의 부담을 완화하고 세대간 형평성을 제고할 목적으로 기존의 부과방식적 연금모델에 적립방식적 요소를 강화하고 있다. 다만, 적립방식의 부분 도입은 현 세대의 이중부담을 초래하는 등 부작용도 커서 과감한 수준으로 이루어지지는 않고 있다.

공적연금의 축소 및 사적연금의 강화를 핵심으로 하는 연금개혁의 가장 큰 피해자는 저소득층이다. 이를 감안하여 저소득층 소득보장 강화 차원에서 선별적 최저보장제도, 즉, 기초보장을 강화하고 있다. 영국, 캐나다 등의 노인최저소득보장, 스

---

5) DC란 보험료율은 일정수준에서 거의 고정되고 급여수준을 인구구조변화 등에 자동으로 연동하여 하향조정하는 방식임.

웨덴의 최저연금보장, 독일의 노인·장애인 기초보장제도의 도입 등이 대표적인 사례이다. 이들 제도는 기존의 일반부조제도에서 분리하여 노인의 특수한 욕구에 맞추어 수급요건과 급여수준을 정함으로써 노인 등의 기초적 보장을 강화한 사례라고 볼 수 있다.

선진국의 경우도 인구고령화 등에 따른 연금재정의 위기에 직면하고 있으며, 이를 극복하기 위한 다양한 재정안정화 대책을 추진하고 있다. 특히 최근에 이루어진 확정급여형 공적연금에서 확정기여형 또는 준확정기여형 급여로의 전환은 공적연금급여수준의 상당한 하향조정을 야기할 전망이다. 여기서 중요한 시사점은 이러한 급여수준의 조정과 함께 이를 보완하기 위한 특히 저소득층, 여성 등 취약계층의 노후보장을 강화하기 위한 조치도 함께 도입하였다는 점이다. 크레딧을 대폭 강화한다든지, 노인 등을 위한 최저(기초)보장을 강화한다든지, 노인·장애인의 근로참여를 활성화한다든지, 퇴직연금 등 사적연금을 강화하는 것 등이 대표적인 예이다.

선진국의 경우 이미 공적연금이 거의 대부분의 노인에 대해 충분한 노후보장을 제공하고 있는 상황에서 공적연금의 급여수준 축소 등을 통한 부분적 역할 감소는 노인빈곤문제를 크게 악화시키지는 않을 전망이다. 그럼에도 불구하고 재정안정화를 위한 연금개혁의 부작용을 최소화(노인빈곤 악화)하기 위한 다양한 보완장치를 마련하고 있는 점에 주목할 필요가 있다.

3. 노후소득보장제도의 현황과 문제점[6]

노후소득보장제도 개관

현행 노후보장제도는 1층 공적연금, 2층 퇴직(연)금 그리고 3층 개인연금 등으로 구성되어 있으며, 외형상으로 보면 다층 보장체계의 면모를 갖추고 있다. 이때 공적연금은 민간부문의 근로자 및 자영자를 대상으로 하는 국민연금과 공무원·군인·사립학교교직원 등 특수직역의 종사자를 대상으로 하는 특수직역연금으로 구분된다. 즉, 공적연금은 법적으로는 외형상 거의 대부분의 경제활동인구를 가입자로 포괄하고 있다.

---

6) 본장은 안종범, 이용하(2010)에서 주요 내용을 발췌하여 정리한 것임.

[그림 6] 노후보장체계의 발전과정

[그림 7] 현행 노후보장체계

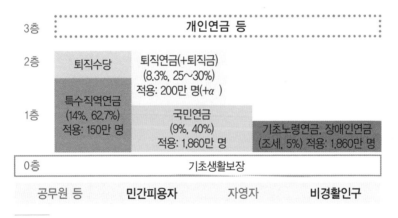

주: 1) ( )의 전자는 보험료 또는 부담률, 후자는 급여수준
    2) 특수직역연금은 최대가입가능기간인 33년 기준 기준소득월액 대비 급여수준, 국민연금의 경우는
       40년 가입기준 급여수준임.
    3) 가입자수(적용대상자수)는 대략 2009년말 기준임.

노후소득보장제도는 기본적으로 소득활동과 기여금의 납부를 전제로 급여를 제공하게 되므로 생애 기간 동안 소득활동을 하지 않았거나 소득이 적은 사람은 자연히 제도로부터 소외되고 노후에 최소한 소득이 보장되지 않는 경우가 발생할 수 있다. 특히 국민연금의 경우 가입 상한 연령을 제약(60세)하였으므로 자연히 현세대 고령계층은 공적연금의 혜택을 보기 어려웠다. 이러한 무연금자 등의 사각지대에 대응하기 위해 기초노령연금(07.7월 시행) 및 장애인연금(09.7월 시행)제도가 최근 도입되었다. 기초노령연금과 장애인연금은 소득 및 자산조사를 전제로 주로 공적연금을 수급하지 못하거나 수급하더라도 연금액이 적은 경우에 최소한의 소득을 보장하는 형태로 설계되어 있다. 이들 급여는 현재 65세 이상 노인 및 18~65세 미만 중증장애인의 70%를 대상으로 국민연금 A값(최근 3년간 전 가입자 평균소득월액의 평균액)의 5%에 상당하는 금액(균등 정액: 2011년 기준 단신 최고 90천 원, 부부 최고 144천 원)을 지급하고 있다. 국민연금 등 공적연금과는 달리, 재원 전액은 조세로 조달되는 점이 특징이다.

기초생활보장제도는 엄격한 자산조사를 전제로 국민 최저수준을 보장하는 최후의 사회안전망의 역할을 수행하고 있다. 기초생활보장급여는 국민연금 등 공적연금과 기초노령연금(장애인연금 포함) 등을 수급함에도 불구하고 가용자원이 국민 최저수준에 미치지 못할 경우 그 차액을 보충하는 형태로 지급된다.

공적연금의 현황과 문제점

특수직역연금

특수직역연금은 공무원 등 특수직역종사자를 위한 연금제도인 동시에 노후보장(퇴직급여와 유족급여), 산재보상(공무상 장애로 인한 장해급여), 실업보험 및 퇴직금(퇴직수당) 그리고 상호부조 등의 복합적 기능을 지닌 다양한 급여를 제공한다.

적용대상은 공무원, 군인, 사립학교교직원 등이며, 대상집단별로 제도가 분리·관리되고 있지만, 보험료율이나 급여요건 및 수준 등 제도내용은 사실상 유사하다. 공무원연금의 경우 대략 100만 명, 사학연금의 경우 30만 명 등 총 150만 명이 가입되어 있다(각 연금의 통계연보 2009). 퇴직연금(노령연금)은 20년 이상(최대 33년) 장기가입자로서 65세 혹은 정년 도달(단, 군인의 경우 연령에 관계없이 퇴직) 시 지급되며, 20년 미만 재직 후 퇴직 시에는 소정의 퇴직일시금만 지급한다.

퇴직연금의 급여수준은 20년 재직 시 기준소득월액(생애평균소득)의 38%, 33년 재직 시 62.7%를 제공하고 있다. 현재 보험료율은 소득의 12.6%(12년부터 14%)이다. 순수하게 노후보장 성격의 급여(퇴직급여와 유족급여)만 보험료수입으로 조달하고 있다.

국민연금

국민연금은 노령, 일반장애나 사망 시 연금급여를 지급하는 순수한 노후보장 성격의 제도이다. 기본적으로 18세 이상 60세 미만의 경제활동인구를 당연가입대상으로 하고 있다. 다만, 연령요건에 해당되고 경제활동에 종사하더라도 공무원 등 특수직역연금가입자나 수급자, 27세 미만의 국민연금 지역가입자, 국민연금 가입자의 배우자 등은 당연적용에서 제외된다. 2009년말 기준 국민연금의 총 가입자규모는 1,860만 명으로, 이 중 53%(986만 명)는 사업장(직장)가입자이고 46%(868만 명)는 지역가입자이다. 나머지는 임의가입자 등이다.

노령연금은 10년 이상 가입하고, 60세(2013년~2033년까지 단계적으로 65세로 상향조정 계획) 도달하면 지급된다. 단, 일정수준 이하(소득세 과세표준기준 월 180만 원)의 소득활동을 하는 경우에는 55세부터 조기 수급을 원하면 연금의 수급이 가능하며, 60~65세 이상의 수급권자로서 일정수준 이상의 소득활동(상동)을 하는 경우에는 감액된 연금을 지급하고 있다.

1988년 도입 당시 생애평균소득의 70%를 보장하는 제도로 출발하였으나 '98년(70%→60%)과 '07년('08년 50%, '09년부터 2028년까지 50%→40%로 점진적 인하) 두 번의 재정 안정화 개혁을 거치면서 2028년부터 소득대체율 40%를 보장하는 제도로 변경되었다. 그러나 급여가 소득에 완전비례인 특수직역연금과는 달리 국민연금은 강한 소득재분배기능(A 값)을 가지고 있어 느슨한 소득비례연금이라고 할 수 있다.

국민연금의 보험료율은 현재 소득의 9%가 적용되고 있으며 농어민에 대해서만 보험료의 일부를 국가가 지원하고 있다. 연금재정의 수입원은 농어민에 대한 약간의 국고보조를 제외하면, 대부분 가입자가 납부하는 보험료수입 및 기금이식수입으로 구성된다. 기금이식수입은 가장 큰 수입원의 하나로 거의 완전부과방식으로 운영되는 특수직역연금과 달리, 국민연금은 상당한 적립기금(약 300조 원)을 보유하는 수정적립방식으로 재정을 운영하기 때문에 발생하고 있다.

공적연금의 문제점

노후소득보장의 핵심은 공적연금임에도 불구하고 향후 국민연금이 기본적인 역할을 수행할지 여부에 대해 다양한 문제점이 제기된다.

우선 국민연금은 현재 소득파악 곤란, 노동시장의 양극화 등으로 광범위한 적용 사각지대 문제를 안고 있다. 특히 국민연금은 20~64세 인구 대비 실질가입자(소득신고자) 비중이 55%에 불과한데, 유사제도를 가진 미국, 캐나다 등 주요국이 80~90% 수준임과 비교해 볼 경우 문제의 심각성이 더욱 부각된다. 이와 같은 낮은 적용율은 장기적으로 낮은 수급율로 이어질 전망이어서 현재 및 미래 노인빈곤 극복을 위한 국민연금의 내실화가 요구된다. 더불어 이와 같은 취약한 공적연금의 보편성을 아직 미성숙된 퇴직연금 등 사적연금이 보완해줄 것이라고 기대하기 어려운 실정이다.

<표 7> 국민연금 가입율의 국제비교

구분		가입대상	가입자 규모(A)	민간부문 경활인구 (B)	20-64세 인구(C)	가입율 I A/B	가입율 II A/C
미국 (OASDI)		연령무관 소득 활동인구	162,310 ('08)	153,124 ('07,16세)	184,016 ('09)	106.0	88.2
독일 (공적연금)		16-65세 피용자 등	34,988 ('07)	41,416 ('07,15세)	49,899 ('09)	84.5	70.1
영국 (기초연금)		16-65세(여: 60) 소득활동인구 등	33,400 ('07~8)	30,790 ('07,16세)	37,153 ('09)	108.5	90.0
캐나다 (CPP+QPP)		18-70세 소득 활동인구	16,256 ('07)	17,696 ('07,16세)	20,771 ('09)	91.9	78.3
일본	기초	20-60세 전인구	70,380 ('08.3)	66,080 ('07,15세)	75,328 ('09)	106.5	93.1
	후생	65세미만 피용자	33,790 ('08.3)			51.1	44.7
한국 (국민연금)		18~60세 소득 활동인구	13,684 ('10.5)	25,099 ('10.5,15세)	31,751 ('09)	43.1	54.5

주: 안종범, 이용하, "노후소득보장제도의 발전방향과 연금재정의 안정화", 한국조세연구원에서 재인용
자료: 1) 민간부문 경활인구 : 미국의 인구센서스국 International Statistics; Labor Force 자료. 단 한국은 통계청자료 국민연금공단(2010)을 활용.

광범위한 국민연금 적용사각지대는 장기적으로 다수의 무연금수급자를 야기할 것이며, 이 같은 현상은 연금수급액을 결정하는데 큰 영향을 끼친다. 즉, 수급하는 연금액은 국민최저

수준에 미치지 못하여 기초생활보장제도에 의존해야 할 정도로 낮은 경우가 발생한다는 것이다. 예로 2070년경 노령연금수급자의 평균가입기간은 25년 전후로 예상되는데, 40년 가입기준 40%를 보장하는 국민연금은 최초 수급시점의 연금수준은 25%가 될 전망이다. 그러나 기수급자의 경우 물가상승률에 연동된 연금액은 시간이 지남에 따라 근로자평균소득 대비 크게 하락하게 되고 유족연금의 경우 노령연금의 50%수준에 불과하므로 전체 수급자의 평균연금수준(근로자평균소득인 A값 대비)은 대략 20%를 넘기 어려울 전망이다.

〈표 8〉 주요국 노령연금의 표준대체율과 실제 실현소득대체율간 비교

(단위 : %)

구분	한국	일본('06)		미국('07)(비례)	독일('08)(비례)	영국('10)(기초)	캐나다('08)(기초+비례)
		기초	후생				
이론적 대체율1) (A)	40.0	20.0	42.0	40.0	43.5	15.0	40.0
실수급자 대체율2) (B)	15~163)	16.5	37.5	33.1	28.8	13.0	28.2
B/A	38.8	82.5	89.3	82.8	66.2	86.7	70.5

주 1) 모두 40년의 완전가입을 진제로 한 평균소득자의 소득대체율임.
　2) 전가입자 평균소득월액 대비 기존수급자의 월평균연금액의 비율임.
　3) 2030~2070년대까지 추계치

이와 같은 전제하에서 2070년경 노인의 2/3(국민연금수급자의 90%의 60%+무연금자 10%)는 빈곤선(근로자평균소득인 A값의 20%) 이하의 연금을 수급하게 될 것이다.[7] 또한 국민연금급여수준의 취약성을 퇴직연금이나 개인연금 등 사적연금이 보완할 가능성은 낮은 실정이다. 사적연금의 경우 현재 적용의 보편성이 낮음은 물론 주로 정규직근로자 등을 중심으로 퇴직연금 등의 사적연금 수급권을 획득할 가능성이 높기 때문이다.

공적연금의 재정안정성 문제는 제도간 형평성과 조화 문제에 직면해 있다. 최근 특수직역연금의 경우 장기적 재정불안을 해소하기 위해 2009년말 보험료율의 점진적 인상, 급여산정기준의 조정(퇴직전 3년간 평균보수월액 → 생애평균소득월액) 등을 골자로 하는 개혁을 실시하였지만, 현재 발생하고 있는 적자에 대한 엄청난 국고보전금이 다소 줄어들 뿐이어서 근본적인 재정안정화는 사실 미흡한 상황이다. 뿐 만 아니라 사학연금은 아직은 흑자를 유지하고 있지만 2020년경이면 수지적자로 돌아설 전망이며, 다른 특수직역연금과 동일하게 국고보전금이 자동으로 투입될 계획이다.

국민연금의 경우는 '98년과 '07년 두 차례에 걸친 과감한 개혁에도 불구하고 여전히 국민연금의 장기적 재정상태는 불안한 상황이다. 다만, 국민연금의 경우 특수직역연금과 달리 미래에 발생하는 적자에 대한 국고보전은 전혀 계획되어 있지 않다.

---

7) 이는 기초노령연금의 경우 기본적으로 국민연금과의 중복수급을 허용하지 않는다는 전제 하의 논의임.

이로 인해 제도간 형평성 문제가 제기되고 있다. 국민연금에 비해 극히 높은 급여수준을 보장하는 특수직역연금에 대해 그 재정적자를 국고로 보전하는 것은 일반국민에게 조세부담을 전가시키는 결과를 초래하기 때문이다. 이러한 문제는 근본적으로 제도 간 급여수준의 격차에서 발생하고 있다.

이처럼 공적연금의 재정안정성과 연계된 제도 간 형평성 측면의 근본적인 문제는 국민연금과 공무원연금 등 특수직역연금이 제공하는 노후보장수준의 격차가 지나치게 크다는 데 있다(〈표 9〉). 2007년 기준 국민연금 전가입자소득대비 평균수급액은 10% 수준인데 반해 특수직역연금은 90%로 국민연금의 무려 9배에 달하는 연금을 평균적으로 수급 중이다. 물론 특수직역연금의 보험료가 국민연금의 1.5배 수준인 점, 퇴직금이 상대적으로 취약한 점, 그리고 국민연금의 성숙도가 낮다는 점을 종합적 고려하여도 이와 같은 격차를 합리화하기 어려운 수준이다.

〈표 9〉 평균소득(보수)월액 대비 평균 수급연금액의 연금제도간 비교

구분	국민연금 (2007.12)	공무원연금 (2007.12)	사학연금 (2007.12)	군인연금 (2006.12)
평균소득 A	1,691	2,161	2,274	2,213
평균연금 B	172	2,097	1,934	1,934
B/A	10.2	97.0	85.0	87.4

주: 1) 안종범, 이용하, "노후소득보장제도의 발전방향과 연금재정의 안정화", 한국조세연구원에서 재인용
　　2) 특수직역연금은 전체 재직자의 평균보수월액, 국민연금의 경우 평균소득월액임.
　　3) 군인연금의 경우 평균보수월액은 대위기준이며, 평균연금은 현재 60세인 자의 평균연금액임.
자료: 각 연금공단 및 국방부의 연금통계자료.

이 밖에 최근에 도입된 기초노령연금, 장애인연금은 제도의 성격과 역할이 명확하지 않을 뿐 아니라, 국민연금과 충돌가능성이 높은 상황이다. 기초노령연금과 장애인연금은 국민연금의 사각지대를 해소할 목적으로 도입되었지만, 국민연금의 낮은 급여수준을 보완해 주는 역할을 하는 것도 아니고, 급여수준도 낮아 기초생활보장제도의 역할을 대체할 수도 없는 실정이다. 한편, 기초노령연금 및 장애인연금은 급여수준이 점차 상향조정될수록(2028년까지 5%→10%) 기여연금인 국민연금의 가입 동기를 약화시킬 우려가 있어 국민연금과 충돌이 예상된다. 국민연금은 장기적인 전망하에서도 평균급여수준이 높지 않아 중·저소득층의 연금액은 현 정액의 기초노령연금액보다 크게 높지 않기 때문이다.

4. 노후소득보장제도의 개선방안

최근 논의 동향

MB정부의 대통령직 인수위는 '07년에 도입된 기초노령연금의 역할이 불분명하고 국민연금과 충돌이 예상된다는 점, 그리고 국민연금의 재정불안이 완전히 해소되지 않았다는 점에서 기초노령연금과 국민연금을 재구조화하여 노후보장체계를 근본적으로 재구축하는 것을 핵심 국정과제로 채택하였다. 이에 기초하여 '08년도 초반에 복지부에 관련전문가로 구성된 '국민연금개혁위원회'가 발족되었으며, 여기에서 크게 두 가지 대안이 검토되었다(국민연금개혁위원회 2008). 그 하나는 기초노령연금과 국민연금의 현행 체계를 유지하되 기초노령연금의 지급대상범위를 현재 70%에서 2030년경에는 노인의 40%로 점진적으로 축소하고, 급여수준은 A값의 10%에 상당하는 정액을 보장하는 노인최저보장제도(범주형 노인기초생활보장제도)로 전환하자는 것이며(선별적 공공부조안), 다른 하나는 국민연금을 보편적 기초연금과 비례연금으로 이원화하되, 기존의 기초노령연금은 기초연금에 통합하자는 방안(보편적 기초연금안)이다.

후자의 안은 다시 기초연금과 비례연금의 수준을 각각 어떻게 설정할 것인가에 따라 3가지 세부안으로 구분되었다. 어떤 세부안을 선택하든 기본적으로 이러한 방향의 개혁안은 연금의 보편화 즉, 사각지대 해소를 통한 국민노후보장을 크게 강화할 수 있는 장점이 있다. 게다가 이 방안은 급여수준의 적정성이 높고 비례연금(국민연금)의 재정안정성을 크게 강화할 수 있다. 또 국민연금개혁위원회도 보편적 기초연금안에 대해 GDP 대비 연금지출비중이 선별적 공공부조안에 비해 상대적으로 크기는 하나 장기적으로 부담불가능한 수준은 아니라고 평가했다. 하지만, 두 안 중 선택 문제는 결국 증가하는 국고부담에 대한 정부의 의지에 달린 문제라고 결론지으면서 보편적 기초연금안에 대해 직접적으로 개선권고안으로 제시하는 것을 피해갔다(국민연금개혁위원회, 2008).

기초노령연금의 발전방향 및 국민연금의 구조개편(재구조화)을 둘러싼 논의는 그 후 교착 상태에 있다. 원래 기초노령연금의 개선 및 발전방안에 관한 논의는 기초노령연금법 상 국회에 설치하기로 되어 있는 '연금제도개선위원회'의 임무로 설정되어 있으므로, 궁극적으로 국회에서 결정하게 될 것이다. 이에 2011년 들어서 국회에서 동위원회를 설치하고 논의를 재개하려는 움직임이 시작되었다. 이 논의의 결론은 현재로서는 가늠하기 어려운 상황이다.

〈표 10〉 선별적 공공부조안과 보편적 기초연금안의 주요 효과 비교

구분	선별적 공공부조안	보편적 기초연금안*
기초보장의 범위와 급여수준	40%, 10%	100%, 15%
국민연금(비례연금)의 재정상태	2060년에 기금고갈 (보험료 9%, 급여수준 40%)	무한대로 안정적 (보험료 9%, 급여수준 25%)
표준적 총급여수준 (홑벌이부부)	40%	55%
GDP 대비 총지출(2078)	8.82%(기초 1.8%, 국민 7.02%)	11.75%(기초 7.2%, 비례 4.55%)

주: 국민연금개혁위원회의 2-2안임.
자료: 국민연금개혁위원회(2008), 비공개자료.

모수적 개혁 방안

모수적 개혁은 국민연금의 기본 틀을 유지한 채 제도의 수납-부담관계에 영향을 끼치는 주요 모수인 연금급여율, 보험료율, 수급개시연령 등을 조정하여 재정안정화 목표를 달성하는 방식을 말한다. 더불어 납부예외자 및 보험료미납자 축소, 크레딧 확대 등 사각지대 해소대책이 있다.

국민연금의 경우 2013년 제3차 재정계산 시 장기 재정안정화 대책을 검토하기로 합의되어 이때 재정안정화를 중심으로 국민연금의 개혁방안이 논의될 것으로 전망된다. 다만, 어떤 재정목표를 전제로 하든지 현행 급여수준을 유지하기 위해서는 기존의 보험료율을 상향할 수밖에 없다. 특히 재정안정화를 위해 기존의 급여수준(40%)을 추가로 인하하는 것에 대해서는 국민연금의 역할 및 목적에 비추어 사회적 공감대를 얻기 어려울 것이다. 때문에 보험료율의 상향, 수급개시연령의 상향이 대안으로 검토될 가능성이 있다. 한편 우리나라의 경우 스웨덴, 독일, 일본 등 선진외국처럼 평균수명 연장에 급여수준을 자동 연동시키는 자동안정장치의 도입은 표준급여수준이 40%로 지극히 낮은 상황에서는 적용하게 되면 급여의 적정성 측면에서 도입이 어려울 것으로 전망된다.

〈표 11〉 2078년 기준 재정목표 달성을 위한 필요보험료율 추정결과

(2009년 기준)

	재 정 목 표			
	적립배율 2배	적립배율 5배	수지적자 미발생	일정한 적립배율 유지
기본가정	12.49%	13.17%	14.31%	17.50%(약 23배)
대안가정	11.05%	11.63%	12.21%	14.45%(약 19배)

주: 안종범, 이용하, "노후소득보장제도의 발전방향과 연금재정의 안정화", 한국조세연구원에서 재인용
자료: 국민연금재정추계위원회(2008.11), 국민연금 장기재정추계 및 운영개선방향, p83

모수적 개혁은 기존 제도 틀을 유지하면서 재정안정화를 기할 수 있다는 점에서 선호되지만, 재정안정화가 제도의 내실화를 전제로 하지 않는 상황에서는 큰 의미가 없다. 특히 재정위기의 극복만큼 중요한 것이 빈곤위기의 극복이기 때문이다.

선진국의 경우 성숙한 연금제도 덕분에 노인의 빈곤위기는 심각하지 않을 뿐 만 아니라 근로세대와 거의 유사할 정도로 소득이 잘 보장되어 있다. OECD(2011)에 따르면, 65세 이상 노인세대의 소득은 평균적으로 전세대 평균소득의 82.4%에 달하고 있다. 반면, 우리나라의 경우 66.7%로 열악할 뿐 아니라, 노인(상대)빈곤율은 OECD국가 중 최고 수준임에 주목해야 한다. 또한 모수적 개혁은 그 역할과 기능이 애매한 기초노령연금 등의 개선을 간과할 여지가 있다. 하지만, 기초노령연금을 계속 유지할 경우 발생하는 국민연금과의 충돌, 분배구조의 왜곡 및 분배의 불투명성 등의 문제는 지속하는 가운데 노인빈곤 문제는 방치될 가능성이 높다.

구조적 개선 방안

구조적 개혁은 노후소득보장체계의 구조를 근본적으로 개편하여 인구구조 고령화 등에 따른 재정안정화 문제와 노인빈곤 문제를 동시에 해결하는데 목적을 갖는다. 특히 단기적으로 비용이 상승하더라도 장기적인 관점에서 비용절감 및 효율적인 체계를 구축하기 위한 방안으로 활용할 수 있다. 2007년 도입한 기초노령연금은 구조적 개혁의 핵심이다. 기초노령연금은 무기여연금으로 기여방식의 국민연금과 성격을 달리한다. 즉, 국민연금은 기여방식으로 운영되어 기여를 하지 못하거나 소득 파악에서 누락되어 있는 다수의 국민이 사각지대에 놓이게 되는데, 이러한 사각지대를 구제하는 차원에서 기초노령연금이 도입되었다. 다만, 앞서 논의한 바와 같이 기초노령연금은 제도의 기능과 역할이 명확하지 못하고, 국민연금과의 충돌이 예상되고 있다.

[그림 8] 국민연금 노령연금과 기초노령연금간의 관계

(2010년 기준)

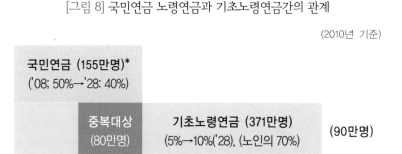

국민연금 (155만명)*
('08; 50%→'28; 40%)

중복대상
(80만명)

기초노령연금 (371만명)
(5%→10%('28), (노인의 70%)

(90만명)

65세 이상 전체 노인 (536만명)

국민연금 수급자   기초노령연금수급자   무연금자

주: 1) 안종범, 이용하, "노후소득보장제도의 발전방향과 연금재정의 안정화", 한국조세연구원에서 재인용
    2) 65세 이상의 특수직역연금수급자를 포함한 수치임

즉, 국민연금을 조세조달의 보편적 기초연금과 보험료조달의 '기여성' 비례연금으로 이원화하고, 기존의 기초노령연금을 기초연금으로 통합함으로써 국민연금의 틀을 명확하게 이원화하자는 것이 구조개편의 핵심이다. 이를 통해 국민노후보장의 재원구성을 조세(기초연금)와 보험료(비례연금)로 분산시켜 비례연금의 장기적 재정안정 및 사각지대 문제를 근본적으로 해소하자는 것이다.

[그림 9] 기초+비례 이원화방식에 의거한 국민연금
개편 전ㆍ후 노후보장체계의 모습

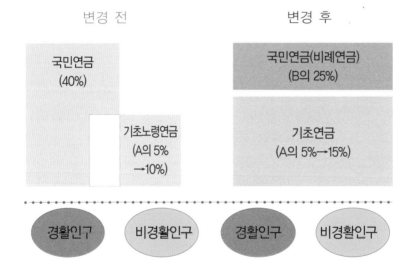

주: 안종범, 이용하, "노후소득보장제도의 발전방향과 연금재정의 안정화", 한국조세연구원에서 재인용

하지만, 국민연금제도를 기초연금과 국민연금(비례연금)으로 이원화하자는 방안은 노후보장의 내실성과 적절성, 연금재정의 안정성, 제도간 형평성 등 다양한 측면에서 각각 반론이 제기되고 있다. 이와 같은 배경하에서 본 연구는 국민연금의 이원화, 즉, 구조적 개혁에 따른 평가를 실시하고 그 결과를 제시한다.

5. 노후소득보장제도 구조적 개혁 방안 평가

노후소득보장의 적절성

우선 보편적 기초연금안의 경우 노인 100%에게 연금을 지급할 수 있는 반면, 기초노령연금은 상당수 노인은 아무런 연금을 받지 못하는 사각지대에 놓이게 된다. 더불어 현행 제도하에서 국민연금과 기초노령연금의 중복혜택을 받는 사람이 있는가 하면, 아무런 연금도 받지 못하는 계층이 상존한다. 즉, 사각지대와 재분배의 투명성 제고차원에서 보편적 기초연금안이 우월하다.

급여수준의 적절성 측면에서 보편적 기초연금안은 홑벌이 가구를 기준으로 선진국 수준인 55%를 보장받을 수 있는 반면, 형행 제도하에서는 국민연금만 받는 계층은 최고 40%, 기초노령연금만 받는 계층은 20%의 보장을 받게 된다. 이때 보편적 기초연금안의 경우 선별적 공공부조안에 비해 가구형태 간 급여수준에 격차가 크지 않다.

즉, 보편적 기초연금으로 전환은 노후보장의 사각지대 해소, 가구기준 급여수준의 적정성이 보장되고, 가구간 노후보장의 형평성 측면에서 장점이 있다고 할 수 있다. 특히 인구구조 고령화에 따라 야기되는 현행 노후소득보장제도의 취약성을 보완하여 재분배의 왜곡과 불투명성을 완화할 수 있다.

[그림 10] 현행제도 및 기초+이원모형의 가구형태별 급여수준 격차

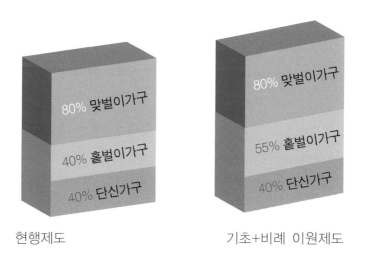

현행제도　　　　　　　　　　기초+비례 이원제도

주: 1) 안종범, 이용하, "노후소득보장제도의 발전방향과 연금재정의 안정화", 한국조세연구원에서 재인용
　　2) %는 1인 가구 평균소득월액 대비임

재정의 장기 안정성

　　보편적 기초연금안은 현행 제도하에서 열악한 노후소득보장을 강화하고, 분배의 투명성을 제고하지만, 선별적 공공부조안에 비해 국민부담이 상대적으로 높다는 단점이 있다. 한 가지 주의해야 할 사항은 선별적 공공부조안에서 국민부담이 낮은 이유는 국민연금의 사각지대가 크고 급여수준이 낮기 때문임을 고려해야만 한다. 즉, 장기적인 관점에서 사각지대 규모가 동일하고, 홀벌이 가구기준으로 동일한 급여수준을 제공한다고 전제하면, 기초연금안이 기존 제도에 비해 국민부담이 더 적다는 점을 알 수 있다.

　　〈표 12〉는 현행(국민연금 + 기초노령연금)체제와 이원화(기초연금 + 비례연금) 방안의 실수령연금액의 수준과 GDP 대비 비용측면을 비교한 것이다. GDP 대비 비용 측면에서 현행체제가 이원화 방안에 비해 비용이 적게 드는 것으로 나타났다. 이는 홀벌이 가구기준으로 평균실수령연금이 절반 수준에 불과하기 때문이다. 즉, 현행 체제는 2078년 기준 홀벌이 가구기준 15% 내외의 노후보장수준을 제공하는 반면, 이원화 방안은 약 40% 내위를 보장할 수 있다. 보다 현실적으로 현행체제와 이원화 방안이 거의 동일한 수준의 급여(40%)를 제공할 경우 「기초연금 + 비례연금」의 이원화 방안이 훨씬 적은 비용이 소요됨을 확인할 수 있다. 또한 현행체제가 이원화 방안과 유사한 급여를

장기적으로 제공하기 위해서는 거의 사각지대가 없는 국민연금
이어야 하며, 표준대체율도 60% 수준이고, 연금의 연동기준도
물가가 아닌 소득상승률에 기초하여야 하는 것으로 나타났다.

결과적으로 이원화 방안이 초기단계의 경우 선별적 공공부
조안에 비해 추가적인 비용이 소요될 것이지만, 장기적으로 급
여의 적정성을 유지하면서도 노후보장비용을 크게 절감할 수
있는 대안이라는 것이다. 즉, 선별적 공공부조안의 경우 노후소
득보장의 적정성을 고려하지 않고 재정안정성만을 기준으로 제
시한 결과라고 평가할 수 있다.

〈표 12〉 현행체제와 기초+비례 이원체제간 비용과 급여수준 비교

구분		국민연금+ 기초노령연금	기초연금+비례연금
주요가정	표준급여수준('11→'28)	(국민) 50→ 40% (기초) 5→ 10%	(기초) 5→ 15% (비례) 50%→ 25%*
	기초(노령) 연금의 지급범위	70%('11)→ 40%('28)	100% ('11~)
	납부예외율, 연금인상율 등	현행 가정치 유지	현행 가정치 유지
산출결과	GDP 대비 총지출 ('11→'78)	0.7%→ 8% (국민 6% +기초노령 2%)	0.9%→ 11.3% (기초 7.6% + 비례 3.8%)
	홀벌이 가구기준 실수 령액의 수준: ('11→'78)	A값의 10.2%→ 15% 내외	22.0%→ 40% 내외

주: 안종범, 이용하, "노후소득보장제도의 발전방향과 연금재정의 안정화", 한국조세연구원에서 재인용

[그림 11] 기초+비례 이원체계의 총지출과 '정상'

국민연금+기초노령연금 총지출간 차액 추이

(단위 : 억원, 2010년 현재가 기준)

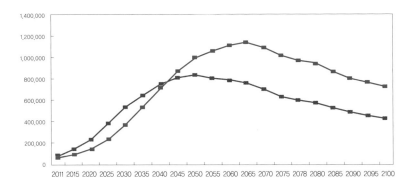

주: 1) 안종범, 이용하, "노후소득보장제도의 발전방향과 연금재정의 안정화", 한국조세연구원에서 재인용
   2) 2070년경에 두 체제가 홑벌이 가구기준 동일한 급여수준(실수령액 기준)을 제공한다고 가정

제도간 형평성

선별적 공공부조안의 경우 제도간 형평성 측면을 논외로 하고 있다. 보편적 기초연금안은 특수직역연금의 다층화를 전제로 하기 때문에 제도간 노후소득보장의 형평성 문제를 완화할 수 있을 것이며, 특수직역연금 급여액 중 기초연금 부분을 국고에서 부담하므로 재정의 조기 안정화에도 기여할 수 있다.

[그림 12] 특수직연금 개편전·후의 모습

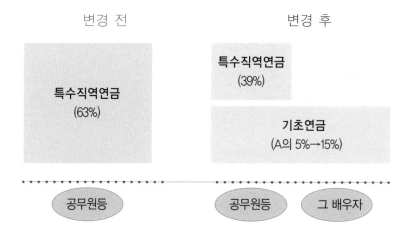

주: 안종범, 이용하, "노후소득보장제도의 발전방향과 연금재정의 안정화", 한국조세연구원에서 재인용

특수직역연금은 33년 가입기준 생애 평균기준소득 대비 급여수준이 63%를 보장하고 있는데 이를 국민연금과 동일하게 기초+비례의 이층제도로 분리하는 것을 전제한다. 이때 기초연금은 장기적으로 소득대체율 15%를 보장한다. 그리고 국민연금의 급여수준이 40%→25%로 37.5%정도 감축되는 만큼, 공무원연금의 비례부분도 이에 상응하는 수준으로 감축(63%→39%)되어야 할 것이다.

국민부담 및 재원조달 가능성

앞서 인구구조 고령화, 세계화, 노동유연화 등의 대내외 환경 변화에 직면하여 노인빈곤 문제를 적시에 해결하고, 장기적 재정안정성을 도모하기 위해 국민연금을 기초연금과 비례연금으로 이원화하는 것이 타당하다는 점을 밝혔다. 그렇다면 과연 이와 같은 노후소득보장제도의 구조적 개혁에 따른 국민부담이 감내할 수준인지 그리고 국고부담을 어떻게 조달할지를 고찰하는 것이 필요하다. 우선 보편적 기초연금안 하에서 국민부담이 선별적 공공부조안에 비해 높다는 점이다. 다만, OECD 국가의 국민부담율(GDP 대비 연금지출의 비중)이 평균 10%인 점을 고려하면, 2078년도를 기준으로 발생하는 국민부담율 11.3%는 우리 국민경제가 충분히 감당할 수 있는 수준으로 평가된다. 또한 기초연금 + 비례연금을 운영하는 국가의 GDP 대비 연금지출 비중은 소득비례연금(+ 범주형 노인기초보장제도) 등을 운영하는 국가의 규모에 비해 비교적 적다. 비례연금 운영국가 중 사각지대가 크고 아직 성숙되지 않은 우리나라를 제외하면, 기초연금 혹은 「기초+비례연금」체제는 비례연금 단일체계에 비해 보다 비용이 적게 드는 제도이다. 더불어 「기초+비례연금」이원체계를 운영하는 국가의 노인빈곤율은 그렇지 않는 국가에 비해 상대적으로 크게 낮은 것으로 나타나고 있는 점에도 주목해야 한다. 캐나다 등이 그 대표적인 국가의 하나이다. 캐나다와 유사한 연금체계를 운영하는 일본은 예외적으로 높은 노인빈곤율을 나타내고 있는데, 이는 기초연금이 조세방식이 아니라 보험방식이라는 점에 크게 기인한다.

<표 13> 연금제도의 종류별 GDP 대비 연금지출 비중

국가명		2000(실제치)	2050(추정치)
기초연금만 운영	호주	3.0	4.6
	네덜란드	5.2	10.0
	뉴질랜드	4.8	10.5
	소계	4.3	8.4
기초연금 + 비례연금	영국	4.3	3.6
	캐나다	5.1	10.9
	덴마크	6.1	8.8
	일본	7.9	8.5
	노르웨이	4.9	12.9
	소계	4.3	8.4
비례연금만 운영	오스트리아	9.5	11.7
	벨기에	8.8	12.1
	체코	7.8	14.6
	핀란드	8.1	12.9
	프랑스	12.1	16.0
	독일	11.8	16.8
	헝가리	6.0	7.2
	이태리	14.2	13.9
	한국	2.1	8.0
	폴란드	10.8	8.3
	스웨덴	9.2	10.8
	미국	4.4	6.2
	소계	4.3	8.4

주: 안종범, 이용하, "노후소득보장제도의 발전방향과 연금재정의 안정화", 한국조세연구원에서 재인용
자료: OECD(2007), Casey et.al.(2003)

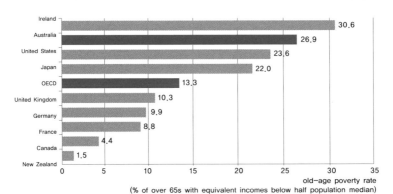

[그림 13] 노인빈곤율의 국제 비교

(2000년대 중반, %)

(% of over 65s with equivalent incomes below half population median)

자료: OECD, Pension at a Glance 2009

마지막으로 조세 기반의 기초연금을 도입하게 되면 국고부담이 늘어나게 되는데, 이는 국민연금 등 기존 공적연금(비례연금부분)의 재정안정화 부담(보험료인상압박)을 덜어준 결과이다. 즉, 노후보장의 재원구조면에서 사실 기존의 보험료 의존형에서 보험료와 조세의 균형적 의존형으로 전환한데 따른 불가피한 결과라는 것이다.

근로인구가 줄어드는 인구고령화 시대에 노후보장비용의 조달을 보험료수입에만 의존히는 것은 사실 근로세대에게 지나친 부담을 안겨주게 된다. 따라서 노후보장비용의 재원구조를 다원화시킬 필요는 있는데, 이런 점에서 「기초+비례연금」이원체계는 재원구조를 유연화시킴으로써 재원조달의 안정성을 높이는데 기여할 수 있음을 알 수 있다. 다만, 기초연금 도입에 따른 국고부담을 어떻게 조달할 것인가에 대한 방향을 설정해야 할 것이다.

우선 고려할 수 있는 바는 정부재정 지출구조를 조정하여 다른 예산을 절감하거나 아니면 기존의 비효율적인 사회보장지출 예를 들어, 국민연금의 노령연금과 실업급여간 중복급여의 조정, 국민연금의 장애·유족연금과 산재보험 급여간 중복 및 특수직역연금의 퇴직연금과 장애연금간의 중복급여를 합리적인 수준으로 조정할 필요가 있다. 현재는 지나치게 관대한 중복급여를 인정하는 상황이다. 이러한 지출조정 외에도 우리나라에서 아직 광범위하게 누락되고 있는 세원의 발굴 등을 통해 세수증대를 꾀하고, 최후의 수단으로서 부가가치세나 소득세 등 세율인상 등을 고려할 필요가 있을 것이다.

박기백

서론

외환위기 직후에 실업대책, 사회안전망 확충, 금융기관 구조조정 지원 등으로 정부의 씀씀이가 크게 증가하여, 재정적자가 GDP 대비 3~4% 수준으로 확대되었다. 악화된 재정수지는 2000년 이후에는 안정세를 보였지만 2008년 말에 발생한 금융위기로 재정적자가 다시 확대되었다. 정부가 감세를 추진하고, 금융위기를 극복하기 위하여 지출이 느렸기 때문이다. 그럼에도 불구하고 실질적인 정부의 재정수지로 볼 수 있는 관리대상수지는, 비록 금융위기로 급증했지만, 점차 축소되고 있다. 따라서 우리나라 재정은 상대적으로 안정적이라고 할 수 있으며, 국가부채도 다른 나라에 비해 낮은 수준이다.

[그림 1] 재정수지 및 국가채무

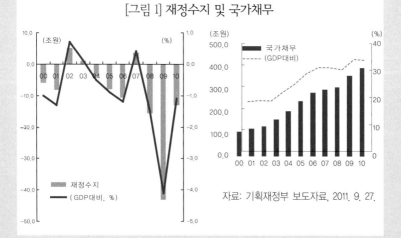

자료: 기획재정부 보도자료, 2011. 9. 27.

결과적으로 현재의 재정 상황에 심각한 문제가 있는 것은 아니다. 나라 살림살이와 관련하여 문제가 있는 것은 현재가 아니라 오히려 향후 전망이 어둡다는 데 있다. 향후 전망이 어두운 이유는 성장률이 떨어지고, 대기업·중소기업, 고소득·저소득, 수출기업·내수기업 간의 편차가 커지고, 출산률은 낮은 반면 인구의 고령화는 급속히 진행되고 있기 때문이다. 경제 성장이 둔화되고 있으므로 세금을 비롯한 정부의 수입도 둔화될 것이다. 반면에 성장잠재력 제고를 위하여 정부 지출을 확대하라는 요구는 강조될 수밖에 없다.

또 다른 문제는 일자리 없는 성장이다. 일정 수준의 성장에도 불구하고 일자리가 충분히 늘어나지 않아 청년실업이 커다란 사회문제가 되고 있다. 이와 더불어 비정규직으로 대표되는 고용 불안정 문제도 심각한 수준에 이르고 있다. 개방화 추세에 따라 자본에 대한 과세가 점점 힘들어질 것이고, 반면에 자유무역협정(FTA) 등으로 인하여 피해를 입는 취약 계층에 대한 정부의 지원도 불가피한 실정이다. 세계에서도 유래를 볼 수 없을 정도로 급속히 진행되는 고령화는 향후 연금, 국민기초생활보장 및 공적의료 지출의 급속한 증가를 의미한다. 또한 외환위기, 금융위기 이후의 소득분배 악화는 복지지출 소요를 증가시키고 있다.

앞에서 언급한 취약계층 지원, 연금, 의료는 큰 틀에서 보면 '복지'라는 범주에 포함시킬 수 있다. 다시 말하면 우리나라 재정의 현재는 문제가 없지만 향후에는 복지지출로 재정건전성이 나빠질 가능성이 높을 것으로 전망된다. 이러한 상황에서 최근 '무상급식' 논쟁 및 더 큰 차원에서 진행되고 있는 '보편적' 복지와 '선택적' 복지 논쟁은 결과적으로 정치권으로 하여금 경쟁적으로 복지를 확충하도록 만들고 있다.

그러나 복지의 확충은 필연적으로 재정수지 또는 국민 부담에 영향에 줄 수밖에 없다. 외환위기와 금융위기 시점에서 정부의 건전한 재정을 바탕으로 지출을 확대할 수 있었던 점이 신속한 위기 극복으로 나타났듯이 미래의 위기에 대비하여 재정을 안정적으로 유지하는 것이 필요하다. 최근 남유럽의 사태에서 보듯이 재정위기가 금융위기로 전이되며 경제에 악영향을 줄 가능성도 있다. 특히, 최근에는 외국의 금융·재정 문제가 우리나라 경제를 위기로 이끄는 경향이 강해지고 있으므로 경제위기에 대비한 재정의 안정성이 더욱 필요한 시점이다. 따라서 현재의 복지 수준을 정확히 파악하고, 향후 복지 지출 전망을 감안하여 적절한 수준으로 복지를 확충하면서도 재정의 안정성을 유지하는 것이 필요하다.

복지 전망과 시사점

1. 복지 재정 현황

복지 범위

　복지재정의 규모를 알려면 복지재정의 범위가 먼저 설정되어야 한다. 일반적으로 정부의 지출은 UN의 분류에 따라 일반공공행정, 국방, 공공질서 및 안전, 경제사업, 환경보호, 주택 및 지역사회개발, 보건, 휴양·문화·종교, 교육, 사회보호의 10개 분야로 나누어진다. 우리가 복지재정 또는 복지지출이라고 말할 때는 위의 10개 분야 중에서 사회보호와 보건을 합친 것을 말한다. OECD에서는 사회지출 또는 복지를 어려운 상황에 놓여 있는 가구와 개인에게 지급되는 금전 또는 현물지원이라고 정의하고 있으며, 이는 UN의 분류에 의한 사회복지 및 보건과 대체적으로 일치한다. 여기서 어려운 상황이란 고령으로 인한 퇴직, 실업, 장애, 빈곤 등 소득에 문제가 있는 경우, 실업자의 고용을 촉진하기 위한 지출, 질병의 예방이나 치료, 임대주택 등 저소득층에 대한 주거서비스, 보육 등을 의미한다. 다시 말하면, 사회복지는 개인 또는 가구의 취약 상황에 대한 정부의 지원을 의미한다.

국제기준에도 불구하고 현실에서는 지출의 분류가 애매한 부문이 발생한다. 예를 들어, 박인화(2010)가 지적하듯이 우리나라의 경우에 과거에 경제분야의 하나인 SOC분야로 분류되었던 주택부문 지출이 최근에는 사회복지분야로 바뀌었다. 더 구체적으로, 한국토지주택공사가 국민주택 규모의 주택을 건설하는 것은 정부 예산으로 지원하는 경우는 취약계층에 대한 정부의 지원으로 보기가 어려우므로 복지지출로 보기 어렵다. 유사한 문제는 교육에서도 발생한다. 저소득층에 대한 학자금 지원은 사회복지로 분류되어야 하지만 해당 지출이 교육으로 분류될 수도 있기 때문이다.

국제기준이 아닌 우리나라 정부의 분류기준에 따라 중앙정부의 예산과 기금 지출을 합친 복지재정 규모는 2011년도 기준으로 약 86.4조 원으로 정부 총지출의 약 28.0%를 차지하고 있다. 주요한 복지지출을 보면 2011년 기준으로 기초생활보장이 약 7.5조 원, 4대 공적연금이 28.1조 원, 실업급여 등 노동분야가 12.6조 원, 주택이 18.0조 원으로 나타나고 있다. 의료분야는 건강보험지원이 약 5.7조 원으로 나타나고 있다.

의료분야의 지출 규모가 작게 나타나는 이유는 건강보험이 통합재정에 포함되지 않아서 발생하고 있는 문제이다. 현재 우리나라는 국민건강보험공단이 운용하는 건강보험과 노인장기요양보험은 전체 지출이 아니라 정부가 해당 보험에 지원하는 금액만을 포함시키고 있다. 결과적으로 우리나라의 복지재정이 과소 추정되는 문제가 발생하고 있다.

박인화(2010)에 따르면 복지지출에서 누락된 건강보험 지출 규모는 약 30.9조 원이고, 노인장기요양보험 지출 규모는 약 2.5조 원이다. 누락된 복지지출을 포함시키면 2010년 기준으로 우리나라의 보건분야 재정지출 규모는 총 44.7조 원이 된다. 반면 의료급여비 및 노인장기요양보험 지원액을 보건분야 지출로 조정하였으므로 사회복지분야 재정지출규모는 70조 원으로 축소된다. 결과적으로 보건분야와 사회복지분야 지출을 합한 우리나라의 복지재정지출 규모는 2010년 현재 총 114.7조 원이 된다. 2010년도 GDP가 1172.8조 원이므로 복지지출 규모는 GDP의 약 9.78%가 된다.

주요 복지 제도 개요[1]

국민기초생활보장

「국민기초생활보장법」을 근거로 한 기초생활보장급여는 자

---

[1] 복지제도의 개요 중 일부는 국회예산정책처의 『대한민국 재정 2009』의 제13장과 보건복지부 내부 자료를 참조하였음.

력으로 최저생활을 영위하지 못하는 절대 빈곤층에 대하여 생계·주거급여 및 의료급여 등을 제공하고 있다. 수급자 선정기준은 가구의 소득인정액이 최저생계비 이하이면서 부양의무자기준이 동시에 충족되어야 한다. 급여의 내용은 생계·주거·의료·교육·자활·해산·장제급여의 7가지 급여를 지급하는 것으로 2011년 기초생활급여비는 3조 1,898억 원, 의료급여비는 3조 6,724억 원이 지출되었다.

〈표 1〉 국민기초생활 급여사업 재정지출 추이: 2005~2011년

(단위: 억원)

	2005	2006	2007	2008	2009	2010	2011
기초생활급여 (생계·주거·교육· 해산·장제급여)	21,481	23,412	26,697	29,417	33,171	31,478	31,898
의료급여	22,148	26,623	35,771	37,901	35,106	35,002	36,724

주: 2009년 보건복지가족부 소관 기초생활보장부문 추경예산 기준.
자료: 기획재정부, 『2009 나라살림』, 2009. 2. ; 보건복지부, 『2011 보건복지부 소관 예산안 기금운용 계획개요』, 2011.

저소득 노인·장애인·아동 등 취약계층

노인: 노인복지제도의 핵심은 기초노령연금과 노인 일자리사업이다. 기초노령연금은 생활이 어려운 노인에게 생활안정을 지원하기 위하여 도입하였다. 65세 이상 노인인구의 70%에게 가구별 소득·재산의 환산액이 선정기준액[2] 이하인 경우 국민연금 전체 가입자 평균소득('11년도 적용 A값 182만 원)의 5%

정도를 지급하고 있다. 단, 부부수급자의 경우 각 20% 감액이
되어 단독가구의 경우 91,200원, 부부가구의 경우 145,900원
('11.4월~'12.3월)을 지급하고 있다. 기초노령연금 지출은 2009
년 수급대상자를 확대함에 따라 전년 대비 1.5배 이상 급등하였
지만 이후 완만한 증가세를 나타내고 있다. 동 사업은 향후 지
원대상 확대 및 단가 인상 등에 따라 상당한 재정수요가 발생
할 것으로 전망된다. 한편 노인 일자리 지원사업은 일하기를 희
망하는 노인에게 맞춤형 일자리를 제공함으로써 노인 소득창출
및 사회참여 기회를 제공하고 있다. 만 65세 이상의 노인이 20
만 개의 공공과 민간분야사업장에서 근로하고 있다.

〈표 2〉 기초노령연금과 노인일자리 재정지출 추이: 2005~2011년

(단위: 억원)

	2005	2006	2007	2008	2009	2010	2011
기초노령연금	2,126	2,153	2,176	15,948	24,697	27,236	28,253
노인일자리지원	200	595	845	951	1,591	1,516	1,641

주: 1) 기초노령연금의 경우 2005~2007년은 경로연금예산임. 2) 2009년은 추경예산 기준임.
자료: 보건복지가족부, 『보건복지가족부 소관 예산 개요』, 각 연도.

장애인: 기존 장애수당제도는 매년 경기상황과 정부의 정
책 방향에 따라 보건복지가족부 예산의 범위 내에서 지급대상
과 지급기준이 결정되었다. 따라서 장애수당 예산의 변화가 심

---

2) 단독가구 74만원, 부부가구 118.4만원.

하여 장애인의 생활안정이라는 목적과는 배치되는 문제가 있었다. 이에 따라 2010년에 법률로 지급대상과 지급기준이 정해져 있는 장애인연금을 도입하였다.

장애인 연금제도는 경제활동이 어려운 근로 무능력 중증장애인의 생활안정 지원과 복지 증진을 위해 18세 이상의 중증장애인[3] 중 본인과 배우자의 소득인정액이 선정기준액[4] 이하인 자에게 연금을 지급하는 제도이다.

〈표 3〉 장애인복지부문 재정지출 추이: 2005~2011년

(단위: 억원)

	2005	2006	2007	2008	2009	2010	2011
장애수당	907	1,134	3,436	3,552	3,132	2,018	1,015
장애인연금	–	–	–	–	–	1,519	2,987

주: 2009년은 추경예산 기준임.
자료: 보건복지가족부, 『보건복지가족부 소관 예산 개요』, 각 연도.

아동: 아동복지사업은 아동이 자립할 때까지 충분한 역량을 갖출 수 있도록 여건을 조성하는 사업이다. 대표적으로 맞춤형 복지를 제공하는 드림스타트 사업 및 공부방의 변형 형태인 지역아동센터 운영사업이 있다. 아동복지부문 지출은 2005년

---

3) 중증 장애인: 장애등급 1급, 2급 및 3급 중복 장애
4) 2011년 선정기준액: 단독가구 53만 원, 부부가구 84.8만 원.

정부지출의 0.09%에서 2009년까지 0.62%로 증가하였으나, 여전히 0.5% 내외의 범위에서 머무르고 있다.

〈표 4〉 아동복지부문 재정지출 추이: 2005~2011년

(단위: 억원)

	2005	2006	2007	2008	2009	2010	2011
아동복지부문(A)	137	218	702	938	1,850	1,485	1,750
보건복지가족부 전체예산(B)	148,564	166,282	189,634	249,048	296,667	310,195	335,694
복지부 전체예산 대비 아동복지예산 비중(A/B)	0.09	0.13	0.37	0.38	0.62	0.48	0.52

주: 2009년은 추경예산 기준임.
자료: 보건복지가족부, 『보건복지가족부 소관 예산 개요』, 각 연도.

공적연금

노후소득보장을 위한 공적연금으로 국민연금·공무원연금·군인연금·사학연금이 있다. 1960년 공무원연금이 최초로 도입된 이래, 군인연금, 사학연금, 국민연금의 순으로 제도가 마련되었다. 우리나라 공적연금의 특성은 적립식이라는 점으로, 개인이 적금을 납입하듯이 일정 기간 납입한 이후에 은퇴시점부터 연금을 받는 구조이다. 이에 따라 공적연금은 초기에 적립금이 발생하는 구조를 가지고 있다. 공적연금 가입자의 93%를 포괄하는 국민연금에서 2008년부터 20년 가입의 완전노령연금 수급자가 발생하고 있어서 향후 연금지출 규모가 급증할

것으로 예상되고 있다.

4대 공적연금의 재정 상황을 보면, 2009년도에 보험료 등의 수입이 51.6조 원, 급여비 등의 지출이 23.3조 원이다. 여유자금운용 규모는 81.6조원이며, 누적적립금은 286.5조 원에 이르고 있다.

〈표 5〉 2009년도 공적연금기금 운용계획

(단위: 억원, %)

	국민연금기금	공무원연금기금	군인연금기금	사학연금기금	합 계	전년대비	
						증가액	증가율
[조 달]	823,648	129,465	21,881	82,147	1,057,141	−88,528	−7.7
자체수입	398,223	84,399	3,594	29,579	515,761	59,908	13.1
·보험료 등 수입	232,806	61,901	3,351	11,521	309,545	16,779	5.7
·운용수입	164,782	22,498	243	5,379	192,902	44,108	29.6
정부 내부수입 등	197	21,792	16,533	7,433	45,955	4,657	11.3
·연금국가부담	−	8,498	7,124	1,801	17,423	432	2.5
·퇴직수당,학자금,보전금등	−	13,294	9,409	4,000	26,703	4,494	−23.7
여유자금 회수	425,228	22,887	1,754	45,135	495,004	−153,438	−23.7
[운 용]	823,648	129,465	21,881	82,147	1,057,141	−88,528	−7.7
사업비	77,395	103,648	19,880	31,791	232,814	24,423	11.7
·연금급여 등	77,395	82,195	19,880	15,726	195,296	24,453	14.3
·융자지출	−	12,543	−	15,914	28,457	−629	−2.2

	국민연금 기금	공무원 연금기금	군인연금 기금	사학연금 기금	합계	전년대비 증가액	전년대비 증가율
기금관리운영비	4,334	629	3	400	5,366	-464	-8.0
여유자금운용	741,919	22,674	1,998	49,956	816,547	-112,479	-12.1
[연도말누적적립금]	2,713,972	55,217	5,166	90,503	2,864,858	348,293	13.8

주: 세부사항은 주요항목만 제시하였으므로, 합계와 차이가 있음.
자료: 보건복지가족부 및 각 소관부처, 『2009년도 기금운용계획』, 2009. 2.

보육 · 가족 및 여성

보육 · 가족 · 여성지원의 핵심은 보육지원이다. 보육지원
의 대상자는 지속적으로 확대되어 2011년 현재 영유아가구 소
득 하위 70% 이하까지 전액 지원하고 있다. 이에 따라 영유아
보육료지원사업과 시설을 이용하지 않는 아동양육지원사업 예
산은 매년 30~50% 가량 증가되고 있다.

〈표 6〉 보육부문 재정지출 추이: 2005~2011년

(단위: 억원)

	2005	2006	2007	2008	2009	2010	2011
영유아보육료지원	3,349	5,218	6,309	8,078	12,822	16,322	19,346
보육시설기능보강	242	300	317	240	211	94	147
시설미이용아동 양육지원	-	-	-	-	324	657	898

주: 2004~2007년은 결산기준, 2008~2009년은 예산기준.
자료: 보건복지가족부 내부자료.

노동

노동부문은 직접적인 일자리 창출과 실업급여 등 간접적인 지원으로 구분된다. 2010년 일자리 지원사업은 직접 일자리 창출, 고용유지, 고용촉진, 교육·훈련의 4개 분야에서 9조 78억 원을 지출하였다. 2009년도에 금융위기의 여파로 실업급여 등이 급증한 것을 감안하면 지출의 증가세가 뚜렷한 것은 아니다.

〈표 7〉 2010년 일자리 지원사업 결산현황

(단위: 억원, 만명, %)

	2009			2010		
	추경포함 예산(A)	집행액 (B)	집행률 (B/A)	본예산 (C)	집행액 (D)	집행률 (D/C)
직접 일자리 창출	47,073	46,438	98.7	35,883	35,898	100.0
간접지원	74,126	62,688	84.6	53,145	54,180	101.9
－ 고용유지	5,938	3,318	55.9	1,142	641	56.2
－ 고용촉진	53,129	45,361	85.4	38,988	40,422	103.7
(실업급여)	(48,648)	(41,164)	(84.6)	(35,222)	(36,865)	(104.7)
－ 교육·훈련	15,059	14,010	93.0	13,015	13,117	100.8
합계	121,199	109,126	90.0	89,028	90,078	101.2

자료: 고용노동부, 2011. 7.

보훈

국가유공자의 생활안정 및 복지향상을 도모하기 위한 정부의 지원이다. 2011년 보훈급여금은 2조 8,975억 원으로, 보훈부문 일반회계 예산의 65%를 차지하고 있다. 2005~2011년간 보상금의 연평균 증가율은 11%로, 보훈급여금 예산 증가를 주도하고 있다.

〈표 8〉 보훈급여금 예산 추이: 2005~2011년

(단위: 억원, %)

	2005	2006	2007	2008	2009	2010	2011
보상금	10,439	10,943	15,235	16,874	18,071	18,926	19,618
참전명예수당	1,883	2,085	2,019	2,301	2,158	2,380	3,374
고엽제수당	1,141	1,278	1,491	1,609	2,092	2,300	2,690
합 계	15,205	16,223	20,905	23,109	24,973	26,471	28,975

자료: 국가보훈처.

주택

주택부문은 국민의 주거 안정 및 저소득층 주거비 경감을 위한 정부의 지원을 의미한다. 2011년 주택부문 예산은 일반회계 및 국가균형발전특별회계에서 2,407억 원이, 국민주택기금에서 16조 8,522억 원이 편성되어 전년 대비 11.1% 증가한 17조 929억 원이다. 주택구입 자금 및 전세자금 융자 등의 수요자융자사업과 임대주택건설 예산이 전체 주택부문 예산의 81.8%를 차지하고 있다. 다만 분양주택사업의 예산은 복지와의 연관성이 높지는 않다.

<표 9> 주택부문 예산 및 기금계획 추이 : 2008~2011년

(단위: 억원, %)

구분	2008	2009	2010	2011
계	151,761	153,986	153,475	170,929
[일반회계 및 균특회계]	1,905	4,968	1,800	2,407
□ 주택시장안정 및 주거복지향상	1,905	4,968	1,800	2,407
– 주거환경개선	1,264	4,310	1,155	1,808
[국민주택기금]	148,356	148,318	151,675	168,522
□ 임대주택건설	55,902	46,341	67,200	55,334
– 국민임대주택	45,097	36,041	42,403	40,449
– 공공임대주택	13,805	11,700	24,797	14,885
□ 분양주택건설	10,500	14,400	22,739	42,064
□ 수요자융자	64,252	72,480	56,977	68,000
□ 주택개량사업	1,180	1,180	100	50
□ 기타	16,523	13,917	4,659	3,074

주: 2009년 예산은 제1회 추가경정예산이 반영된 액수임.
자료: 국토해양부, 각 회계연도 예산개요.

보건의료

건강보험은 국민건강을 증진하기 위한 사회보장제도로 보

건의료 분야의 핵심이다. 우리나라의 건강보험제도는 사회보험으로, 가입자의 보험료를 주재원으로 운영하고, 소득수준에 따라 임금소득자와 자영업자를 분리해서 징수하고 있다. 도입 30년이 경과한 건강보험은 2010년 기준 4,891만 명이 이용하였고, 매일 1,200만여건의 급여가 제공되고 있다.

2005년 이래 급여비 등의 지출액은 연평균 12.7%씩 증가하여 2010년에는 34.8조 원에 이르고 있다. 반면 지출을 충당할 보험료 등의 수입액은 연평균 11.4%씩 증가하여, 2010년에는 28.6조 원이다. 건강보험 이외에 정부가 예산으로 지출하는 보건의료비 지출은 미미한 수준이다.

〈표 10〉 건강보험 재정지출 추이: 2005~2010년

(단위: 억원)

	2005	2006	2007	2008	2009	2010
건강보험 수입(A)	166,377	185,514	215,979	248,300	264,989	285,852
건강보험 지출(B)	191,537	224,623	255,544	275,412	311,849	348,599
당기수지(C=A-B)	-25,160	-39,109	-39,565	-27,112	-46,860	-62,747
정부지원(D)	36,948	38,362	36,718	40,779	48,100	49,753
정부지원 후 당기수지(C+D)	11,788	-747	-2,847	13,667	-32	-12,994

주: 2009년 수입 및 지출 전망은 2009-2013 중기재정계획 수립(2009. 1.) 상의 수치.
자료: 보건복지가족부 내부자료.

복지지출 추이 및 국제비교

국회예산정책처의 자료에 따르면 2005~2011년간 복지지출의 연평균 증가율은 9.4%로 나타나고 있다. 정부 총지출의 연평균 증가율이 6.9%라는 점을 감안하면 복지지출이 빠르게 증가하고 있음을 알 수 있다.

더 세부적으로 살펴보자. 먼저 기초생활보장의 경우를 보면 2009년 약 8.0조 원 수준이었으나 2011년은 약 7.5조 원으로 하락하고 있으므로 증가세가 유지되고 있지는 않다. 노동분야도 2009년 14.6조 원에서 2011년에는 12.6조 원으로 낮아졌다. 따라서 기초생활보장이나 노동 분야는 경기침체로 지출이 일시적으로 증가하였지만 향후 높은 증가세를 유지할 것으로 보이지는 않는다. 주택부문도 증가율이 5.9%로 높지 않은 것으로 나타나고 있다.

〈표 11〉 복지재정규모: 2005~2011년

(단위: 억원, %)

	2005	2006	2007	2008	2009	2010	2011	연평균 증가율	비 고
[분야별]									
사회복지	457,750	505,153	560,997	629,134	734,196	739,162	788,926	9.6	기초생활보장 등 9개 부문
보건	50,261	55,108	52,892	59,042	69,955	73,304	75,000	7.1	보건의료 등 3개 부문
[부문별]									
기초생활보장	46,525	53,438	65,831	72,716	79,803	72,937	75,240	8.8	기초생활급여 등
취약계층지원	5,549	7,175	9,108	9,217	24,055	15,212	13,427	28.3	아동청소년발달 지원서비스 등

	2005	2006	2007	2008	2009	2010	2011	연평균 증가율	비 고
공적연금	160,584	172,025	189,955	214,285	238,197	259,856	281,833	9.8	4대 공적연금
보육가족여성	6,786	9,426	12,135	16,690	19,567	23,694	28,759	27.5	영유아보육, 여성정책 등
노인청소년	4,797	5,729	7,532	22,058	32,836	36,630	38,759	51.7	기초노령연금 등
노 동	78,341	93,186	104,294	104,936	146,846	122,935	126,180	9.6	고용안정, 직업훈련, 실업급여, 산재급여 등
보 훈	25,006	26,985	29,752	31,291	33,597	36,094	38,737	7.6	보훈연금 등
주 택	128,822	135,459	139,664	154,145	152,883	167,162	180,536	5.9	국민임대주택 건설 등
사회복지일반	1,340	1,730	2,726	3,797	6,412	4,642	5,455	30.8	사회통합관리망 구축 및 운영 등
보건의료	8,686	10,605	9,888	11,718	15,835	17,037	15,599	11.4	저소득층 의료비 지원, 보건산업 육성 등
건강보험지원	40,375	42,962	41,350	45,539	52,040	53,827	57,102	6.1	건강보험가입자 지원, 공·교 국가 부담금보험료 등
식의약품 관리	1,200	1,541	1,654	1,785	2,080	2,440	2,299	12.0	
복지재정 합계(A)	508,011	560,261	613,889	688,176	804,151	812,466	863,929	9.4	
정부 총지출 (조원, B)	208.7	224.1	238.4	262.8	301.8	292.8	309.1	6.9	
정부 총지출 대비복지재정 비중(A/B)	24.3	25.0	25.8	26.2	26.6	27.7	28.0	-	

자료: 박인화(2010) 재인용.

반면 공적연금은 비록 2005년부터 2011년 사이의 증가율이 9.8%이지만 꾸준히 높은 증가율로 증가하는 양상을 보이고 있다. 향후 국민연금 가입자의 은퇴가 늘어나며 증가세가 유지될 것으로 예상된다. 증가율이 높은 또 다른 주요 분야는 보육 및 노인분야로 영유아 보육에 대한 정부지원이 확대되고, 기초노령연금이 새롭게 도입되었기 때문인 것으로 보인다. 기초노령연금의 2009년 이후 증가율이 이전보다 크게 낮아지고 있는 현상을 보면 제도를 확대하지 않는다면 기초노령연금이 큰 폭의 증가세를 보일 것으로 예상되지는 않는다.

건강보험공단의 자료에 따르면 건강보험의 지출은 '05년~'11년 사이에 매년 평균 12.2% 증가하고 있다. 2011년의 경우 지출 규모는 38조 1천억 원이며, 정부의 국고지원과 담배부담금에서 전입되는 규모는 각각 4.2조원과 1조 630억 원이다. 반면 정부의 건강보험지원 규모를 보면 2005년부터 2011년 사이의 증가율이 6.1%이며, 이는 정부총지출의 증가율보다 낮다. 여기에는 정부가 건강보험에 충분한 지원을 하지 않아서 발생하는 문제도 있을 것으로 보인다.

OECD 통계자료에 의한 단순비교에 의하면, 2007년 기준 GDP 대비 우리나라의 복지지출은 7.5%이다. 이는 OECD 평균인 19.3%의 38.9% 수준으로 나타나고 있다. 반면 2007년 기준 우리나라의 국민부담률(조세부담률+사회보장기여금)은 26.5%로 OECD 국가들의 평균인 35.4%의 74.9% 수준이다. 따라서 부담률에 비하여 상대적으로 복지지출이 낮은 것으로 나타난다. 그렇지만 통계에서 누락된 건강보험을 포함시키면 OECD 국가와의 격차는 축소될 것이며, 우리나라의 국민연금이 아직 미성숙 상태인 점을 감안하면 해당 격차는 더욱 축소될 것으로 예상된다.

그럼에도 불구하고 우리나라의 조세부담률 및 사회보장기여금의 GDP 대비 비율이 외국보다 각각 약 5%p 정도 낮은 것으로 나타나고 있어서 OECD 국가와 비교하면 복지지출이 낮을 수밖에 없다. 다시 말하면, 우리나라는 부담이 적고, 그에 따른 혜택도 적은 구조를 유지하고 있다.

〈표 12〉 주요국의 국민부담률 및 사회복지지출 비중 : 2007년

(단위: GDP 대비 %)

국가	한국	미국	일본	스웨덴	독일	영국	프랑스	멕시코	OECD 평균
조세부담	21.0	21.4	18.0	35.0	22.8	29.5	27.4	15.2	26.6
국민부담	26.5	27.9	28.3	47.4	36.0	36.2	43.5	17.9	35.4
복지비중	7.5	16.2	18.7	27.3	25.2	20.5	28.4	7.2	19.3

자료: OECD Stat, 2011.

복지지출의 규모가 작은 또 다른 이유로 우리나라가 전통적으로 국방 및 경제분야 지출이 많은 점을 들 수 있다. 예산에서 경제분야 예산이 차지하는 비중은 선진국의 최근 수준은 물론이고, 선진국의 1970년대 수준보다도 높은 상태이다. 그리고 경제 예산 비중이 높은 이유는 농림수산 분야 예산이 많고, 사회간접자본 투자가 많기 때문이다.

〈표 13〉 일반정부 지출구조

(단위: 총지출 대비 %)

국 가	미국	일본	독일	프랑스	이탈리아	영국	캐나다	G7	OECD	한국
연 도	2008	2007	2008	2008	2008	2008	2006			2007
총지출[1)	38.8	36.3	43.7	52.7	48.9	47.3	39.2	39.2	54.5	28.7
일반공공행정	12.8	12.9	13.6	13.5	18.4	9.5	18.6	18.6	13.4	14.2
국방	11.9	2.5	2.4	3.3	2.8	5.4	2.6	2.6	3.7	8.8
공공질서 및 안전	5.8	3.9	3.5	2.4	3.8	5.4	4.0	4.0	4.0	4.6
경제사업	10.4	10.4	7.7	5.3	7.6	10.1	8.6	8.6	11.4	22.1
환경보호	0.0	3.4	1.1	1.6	1.6	2.0	1.4	1.4	1.7	3.1
주택 및 지역개발	1.8	1.7	1.8	3.6	1.5	2.8	2.3	2.3	1.8	3.6
보건	20.5	19.9	14.2	14.9	14.6	15.7	18.7	18.7	14.8	13.0
오락·문화·종교	0.8	0.3	1.4	2.9	1.7	2.3	2.3	2.3	3.0	2.5
교육	16.6	10.8	9.1	11.1	9.5	13.4	18.3	18.3	13.3	15.9
사회보호	19.4	34.1	45.1	41.4	38.5	33.5	23.3	23.3	33.0	12.2

주: 1) 총지출은 GDP 대비 %.
자료: OECD.

2. 복지 전망

　그러나 급속한 노령화의 진전으로 멀지 않은 장래에 한국의 복지재정지출 수준이 OECD 평균에 근접하게 된다는 주장도 제기되고 있다. 우리나라의 사회보장제도는 1960년 공무원연금, 1964년 산재보험, 1977년 건강보험(1989년 전국민 적용), 1988년 국민연금(1999년 전국민 적용), 1995년 고용보험 등 단기간에 사회보험을 도입하였다. 단기간의 사회복장제도의 확대는 불가피하게 국민부담 또는 사회보장지출을 증대시킬 수밖에 없다. 특히 문제가 되는 것은 국민연금으로, 2008년부터 노령연금 수급자가 발생할 뿐만 아니라 수급자의 수가 급격히 증가할 것으로 예상되고 있다. 따라서 현재의 사회복지 제도의 틀이 그대로 유지되어도 사회보장제도의 성숙과 인구 고령화에 따른 공적연금과 건강보험 지출 증가로 복지지출 규모가 급증할 것으로 전망되고 있다.

복지지출 전망

한국조세연구원의 장기 재정전망(2007)에 따르면 고령화
관련 재정지출은 GDP 대비 5.2%(2008년)에서 2050년 17.3%로
3배 이상 증가할 것으로 전망된다. 2008년 도입 예정인 기초노
령연금의 재정부담은 2050년 GDP 대비 2.2%로 예상(국민연금
연구원, 2007)하였다. 가장 핵심적인 부담은 국민연금과 건강
보험으로, 2050년에 각각 GDP 대비 6.94%, 6.70%에 이를 것으
로 전망하였다.

〈표 14〉 고령화 관련 재정지출

(단위: GDP 대비 %)

	국민연금	공무원연금	사학연금	건강보험	장기요양	기초생보	합계
2008	0.68	0.76	0.15	2.86	0.06	0.66	5.17
2009	0.69	0.76	0.15	3.03	0.13	0.65	5.41
2010	0.72	0.77	0.15	3.21	0.14	0.64	5.63
2020	1.44	1.02	0.22	3.61	0.17	0.64	7.10
2030	2.97	1.23	0.25	4.24	0.22	0.83	9.74
2040	4.95	1.63	0.28	5.23	0.31	1.05	13.45
2050	6.94	1.75	0.29	6.70	0.43	1.15	17.26

자료: 김우철 외, 장기 복지재정 추계모형 및 전망, 한국조세연구원, 2007.

한국조세연구원의 조세재정브리프(2010)에서 요약한 2009년도 장기재정전망에 따르면 연금, 보건의료, 장기요양, 노동, 교육 등 5개 항목의 고령화 관련 지출의 증가 규모는 2050년까지 GDP 대비 13.9%p로 나타나고 있다. 정부지출이 증가하는 주요 원인은 국민연금의 미적립에 의한 수지 불균형으로, 그 증가 정도는 8.3%p이며, 다른 4개 항목을 합친 증가 규모는 5.6%p에 불과하다. 이에 따라 2009년 현재의 조세부담률인 20.8%를 유지할 경우에 2050년에는 국가채무의 규모가 GDP 대비 116%가 될 것으로 전망하고 있다. 따라서 2050년에 GDP 대비 부채비율을 60% 수준으로 감축하려면 2015년부터 매 5년마다 0.38%p씩 조세부담률을 총 3.04%p 인상하여야 하는 것으로 추정되고 있다. 반면 2050년에 GDP 대비 부채비율을 2007년말 수준인 30.7%로 유지하려면 2015년부터 매 5년마다 0.58%p씩 조세부담률을 총 4.6%p 인상하여야 하는 것으로 추정되고 있다.

박형수·송호신의 장기재정전망(2010년)에 따르면 고령화 관련 재정지출은 GDP 대비 6.0%(2010년)에서 2050년 17.8%로 향후 40년간 11.8%p 증가할 것으로 전망된다. 그럼에도 불구하고, 2050년 기준 국민연금 지출이 GDP 대비 5.31%로 낮아지고 있으며, 건강보험 지출도 GDP 대비 5.67%로 이전보다 낮아지고 있다.

<표 15> 연금 및 건강보험지출

(단위: GDP 대비 %)

	2010	2015	2020	2025	2030	2035	2040	2045	2050
국민연금	0.90	1.07	1.41	1.93	2.39	2.99	3.82	4.61	5.31
공무원연금	0.92	1.03	1.17	1.34	1.50	1.50	1.50	1.50	1.50
사학연금	0.28	0.31	0.35	0.42	0.47	0.52	0.56	0.60	0.63
군인연금	0.20	0.19	0.18	0.19	0.20	0.22	0.24	0.27	0.30
기초노령연금	0.39	0.53	0.83	1.22	1.70	2.09	2.47	2.80	3.06
공적연금 소계	2.68	3.12	3.94	5.10	6.25	7.31	8.59	9.78	10.79
건강보험	3.06	3.41	3.79	4.17	4.55	4.90	5.21	5.47	5.67
장기요양보험	0.21	0.26	0.32	0.41	0.51	0.66	0.85	1.09	1.32
사회보험 소계	3.28	3.67	4.10	4.58	5.06	5.56	6.07	6.56	6.99
총계	5.96	6.80	8.05	9.68	11.31	12.87	14.65	16.34	17.78

자료: 한국조세연구원, 「장기재정전망」, 2010.

GDP 대비 공적연금 지출규모(이하 '연금지출' 이라 함)는 2010년 2.68%에서 2050년 10.79%로 4배 증가하고, GDP 대비 사회보험 지출규모(이하 '보험지출' 이라 함)는 2010년 3.28%에서 2050년 6.99%로 2.1배 증가하여 연금지출 증가율이 보험지출 증가율보다 1.9배 높을 것으로 전망된다. 이에 따라, 보험지출이 연금지출보다 0.6%p 많을 것으로 전망한 2010년 이래 그 차이는 2020년 0.16%p까지 좁혀지고, 그 후 베이비 붐 세대의 대부분이 고령층에 진입한 2020년대 초반부터는 연금지출이 보험지출을 앞서게 되어 2050년까지 그 격차는 3.8%p까지 벌어질 것으로 추산된다.

　GDP 대비 각 부문별 지출은 향후 40년간 전 부문에서 증가하지만 증가율에는 차이가 있는 것으로 나타났다. 인구고령화와 연관관계가 높은 기초노령연금(7.8배)과 노인장기요양보험(6.2배)을 위시하여 국민연금(5.9배), 사학연금(2.25배), 건강보험(1.8배), 공무원연금(1.6배), 군인연금(1.5배) 순으로 지출비중이 높아질 것으로 보인다.

　고령화관련 재정지출 중에서 각 항목이 차지하는 비중의 증감률은 다음과 같이 나타났다. 국민연금의 경우 2010년 15%에서 2050년 30%로, 기초노령연금은 6.5%에서 17.2%로, 노인장기요양보험은 3.5%에서 7.42%로 각각 증가할 것으로 전망된다. 반면 건강보험의 경우 2010년 고령화관련 재정지출 대비 비중은 51.3%에서 2050년에는 32%로, 공무원연금은 15.4%에서 8.4%로, 사학연금은 4.7%에서 3.5%로, 군인연금은 3.4%에서 1.7%로 각각 감소할 것으로 내다봤다.

　고령화관련 재정지출이 지속적으로 증가함에 따라 국가채무비율도 상승할 것으로 전망된다. 2010년 한국의 국가채무비율은 GDP 대비 33.5%였지만 2050년에는 그 비율이 4.1배 증가한 138%에 달할 것으로 보인다. 한편 EU의 경우 2010년 국가채무비율이 52.7%였지만 2050년에는 5.6배 증가한 294.3%에 이를 것으로 전망되어 한국의 GDP 대비 국가채무비율의 증가율은 EU의 증가율에 비해 43.2% 수준에 그칠 것으로 관측된다.[5]

그러나 전병목·이은경(2010) 등의 사회보험 재정추계를 보면 국민연금의 경우에 이전의 재정추계보다 상당히 낮은 수준으로 나타나고 있다. 2050년의 국민연금 지출의 규모가 GDP 대비 2.7%에 불과하여 재정수지가 여전히 흑자로 나타나는 것으로 되어 있다. 이러한 결과는 미적립부채를 감안하지 않고 있기 때문이기도 하지만, 이를 감안하여도 이전의 연구와는 커다란 차이를 보인다. 건강보험의 경우는 지출 규모가 2050년에 GDP 대비 약 5% 수준으로 이전의 추정 규모와 유사하거나 작다.

　IMF(2010)에 따르면 우리나라의 GDP 대비 연금 지출 증가율은 2011~2030년간 12.9%로 나타나고 있다. 연금제도가 성숙한 다른 선진국에 비해 높은 증가율이며, 정부지출 증가율을 크게 웃도는 규모이다. 특히, 2031~2050년간 증가율은 41.6%로 추정되고 있어서 문제가 되고 있다. KDI의 보고서(2010)에 따르면 우리나라의 복지지출은 2013년에 GDP 대비 8.9%에서 2040년에는 17.7% 수준으로 증가한다. 공공사회지출 증가와 연관하여, 국가채무비율을 2013년 수준(GDP 대비 35.9%)으로 고정하면, 국민부담률은 2013년 27.4%에서 2040년에는 33.3%까지 올라가야 할 것으로 추정된다. 반면, 국민부담률을 2013년 수준으로 고정할 경우, 국가채무비율은 2013년 35.9%에서 2040년에는 110%까지 상승되는 것으로 추정된다.

---

5) 이러한 전망은 2009년 조세부담률(19.7%)이 2050년까지 유지된다는 전제하에서 가능함.

추가 가능성

앞의 연구들은 기본적으로 현재의 복지제도가 유지되는 것을 가정하고 있다. 그렇지만 현재의 제도 이외에 추가될 복지 분야도 적지 않다. 모든 정당이 복지를 확충하자고 하고 있지만 여기서는 대표적으로 민주당이 복지 확충에 대하여 발표한 내용을 살펴보자.

첫 번째로 무상급식이 있다. 내용은 초등학교 및 중학교 학생 모두에게 무상급식을 실시한다는 것이다. 민주당안에 따르는 경우에도 2011년 기준으로 무상급식을 위한 추가 소요재원은 약 1.7조 원 수준이다.

두 번째로 무상보육이 있다. 내용을 보면 국공립보육시설을 확충하는 한편 어린이집과 유치원 비용을 전액 지원한다는 것이다. 사실상 보육을 의무교육처럼 만들자는 안이다. 여기에 추가하여 보육 및 유치원을 이용하지 않는 아동에게는 양육지원 수당을 지원하자고 하고 있다. 무상보육의 예산 규모는 2013년 기준으로 9.9조 원이다. 비록 보육예산이 증가하고는 있지만 현재 보육가족여성 분야의 예산 규모가 2.8조 원 수준인 것에 비하면 약 7.1조 원이 증가하는 것이다.

세 번째는 무상의료이다. 입원진료비의 건강보험 부담률을 현재의 약 62% 수준에서 90%까지 높이고, 소득하위 50% 환자의 본인부담 상한액을 현행 200만 원에서 100만 원으로, 소득중위 30%는 현행 300만 원에서 150만 원으로, 소득상위 20%는 현행 400만 원에서 200만 원으로 인하하자는 것이다. 기초수급자 편입 사유를 보면 실직 29%, 수입 감소 22%, 의료비 지출 18%로 나타나고 있으므로 과중한 의료비 부담이 서민 가계 불안의 중요 원인이 되고 있기 때문이다. 민주당안에 따르면 건강보험의 보장성 강화에 소요되는 추가 재정은 '17년에는 약 13.3조 원이 필요한 것으로 나타나고 있다.

　마지막은 반값등록금이다. 비록 재정 분류상으로는 교육분야에 해당하지만 재정에 미치는 영향을 고려하여 그 내용을 살펴보자. 내용은 대학생 등록금 수준을 부담액기준으로 50%까지 줄이자는 것이다. 대학생 반값등록을 위한 재원 규모는 연평균 약 4.8조 원이다. 전체적으로 보면 약 22조 원이 소요되는 안이다. 이중 가장 규모가 크고 문제가 되는 것은 무상의료로 보인다. 앞에서 살펴본 것처럼 향후 재정에 가장 문제가 될 가능성이 높은 것은 연금과 의료 분야로, 고령화가 진행되며 재정부담이 가중될 것으로 예상되기 때문이다. 반면 보육 및 교육은 저출산 등의 영향으로 초기에는 증가율이 높아도 점차 안정화 될 것으로 예상된다.

〈표 16〉 민주당 복지공약의 재원 규모

(단위: 조원)

	2012년	2013년	2014년	2015년	2016년	2017년
무상급식	0.86	0.89	0.91	0.94	0.97	1.00
무상보육	–	2.47	2.49	2.54	2.58	2.72

	2012년	2013년	2014년	2015년	2016년	2017년
무상의료	-	1.87	6.29	9.98	11.32	13.30
반값 등록금	4.71	4.71	4.71	4.71	4.85	5.00
3+1계	5.57	9.94	14.40	18.17	19.72	22.02

자료: 민주당 보도자료, 2011. 8. 29.

3. 복지의 방향

외국의 사례와 시사점

최근 남유럽에서 발생하고 있는 사태를 보면 재정적자가 심각한 경제위기의 원인이 되기도 한다. 따라서 외국의 사례를 바탕으로 복지 확충과 그에 따른 재정적자증가 가능성을 살펴보자. 또한 심각한 재정적자 상황에 놓였을 때 어떻게 이를 극복해 나가야 하는 지를 알기 위하여 외국의 재정적자 극복 사례를 살펴보자.

외국의 사례를 보면 재정적자의 출발점은 공통적으로 복지지출의 증가이다. 그렇지민 복지시출 자체가 심각한 재정적자를 야기하기 보다는 복지지출이 통제되지 않은 상태에서 경기불황을 맞으면서 재정적자가 심각해지는 것이 일반적이다. 또한 경기불황에 대처하기 위하여 감세정책이나 경기불황에 대처하기 위한 경기부양책이 심각한 재정적자를 야기한다. 반면 복지지출은 지출 감축이 어렵고, 그 속성상 경기가 악화되는 시점에 축소되기 보다는 오히려 증대되는 성격을 지니고 있으므로 경제위기가 발생하면 경기침체로 인한 세입 감소와 경기부양 및 취약계층 보호를 위한 지출 증대로 재정적자를 심화시키는 핵심적 요인이 된다.

외국의 사례를 보면 재정안정은 주로 세출 축소(경제부분 및 복지)와 그에 따른 이자비용의 감소로 달성하였다. 캐나다, 영국, 스웨덴, 뉴질랜드 등은 투자 및 보조금 축소 등 경제부문 지출을 축소하였다. 또한 영국, 스웨덴 등은 과다한 복지지출을 감축하였다. 반면 미국은 복지나 경제분야 지출이 아니라 국방비의 감축 규모가 큰 것으로 나타나고 있는데, 이는 미국의 복지지출이 외국에 비해 상대적으로 많지 않은데 기인하는 것으로 판단된다.

외국의 사례에서 재정안정을 위하여 세금을 더 걷은 경우는 많지 않으며, 경기 활성화로 세금 수입이 회복되며 자연스럽게 재정이 안정되는 것이 일반적이다. 다만 과거의 경험을 보면 미국은 고소득자에 대한 소득세를 증세하였고, 스웨덴의 경우는 감세 계획을 보류하는 정도였다.

미국: 미국은 1970년대 Johnson 행정부가 사회복지제도인 'Great Society' 사업을 시작하면서 정부지출이 증가한다. 미국 정부는 빈곤추방 및 경제번영을 목표로 교육, 의료, 도시, 교통

분야에 대한 지출을 이때부터 대폭적으로 확대하였다. 2차대전 및 한국전쟁이 끝나고, 미국의 경제적 부흥에 자신감을 얻으면서 복지 관련 지출을 증대시킨 것이다. 이에 따라 사회보장 관련 지출이 1960년에는 GDP 대비 4.1%였으나 1980년에는 7.1%로 증가하고, 의료분야는 GDP 대비 0.5%에서 2.5%로 증가하였다.

※ Great Society 사업

O 빈곤과의 전쟁(War on Poverty): 빈곤 제거를 위한 40개 프로그램

O 교육: 교실 장비 개선, 소수자 장학금, 학생 융자 등 60개 법안

O Medicare & Medicaid: 65세 이상 국민에 대한 의료보장

O Job Corps: 청년 기술 교육

O Head Start: 취약계층 4~5세아 지원 프로그램

O 기타 환경 및 문화예술 프로그램

이러한 상태에서 1980년대 레이건 정부가 지출 감축 노력 없이 감세를 하여 재정적자가 심각한 상태로 전개되었다. 더 구체적으로 보면 소득세 인하 등 감세 조치로 세입이 감소한 반면 지출 측면에서는 국방비, 의료, 실업 등 복지지출의 감축은 없었고, 누적 적자의 증가에 따라 이자지출이 증가함으로써 재정적자가 급증하는 현상이 발생하였다.

재정적자가 심각해지자 불가피하게 재정적자 축소 노력이 요구되었다. 1985년 '균형예산 및 긴급적자통제법(The Balance

Budget and Emergency Deficit Control Act of 1985)'을 재정하여 1986~1991년까지 매년의 재정적자 목표치를 설정하는 한편 목표에 미달하는 경우 강제 삭감하는 규정(sequestration)을 도입하였다.[6] 그럼에도 불구하고 재정적자를 축소하는 데는 실패하였고 1990년 예산강제법(Budget Enforcement Act)을 만들어 지출 유형에 따라 지출을 통제하면서 재정적자가 축소되었다. 내용을 보면 세금 인상과 지출 억제(국방비 25% 감축 포함)를 통하여 적자를 4,960억 달러 감축한다. 지출 감축분이 3,380억 달러이며 세금을 인상하여 조달한 금액은 1,580억 달러로 약 2:1의 비율 또는 7:3의 비율이다. 세금의 경우를 보면 가솔린세, 주세, 담배세 세율이 인상되었고, 소득세 과표구간 신설하는 한편 최고세율을 28%→31%→36%로 인상하였다. 이후에도 지출감축 및 증세는 지속되었으며, 대표적인 증세조치로는 소득세 누진 강화, 고소득자 과세 강화(상속세율을 18~50%의 16단계에서 18~55%의 17단계로 인상) 등이 있다.

---

6) 발의자인 공화당 그램과 러드만, 민주당 홀링스 의원의 이름을 따 The Gramm-Rudman- Hollings(GRHⅠ)법이라 불렸으나, 연방대법원의 일부 위헌 판정으로 1987년 GRHⅡ로 개정

[그림 2] 미국 연방정부의 재정수지와 국가채무 추이 : 1960~2006년

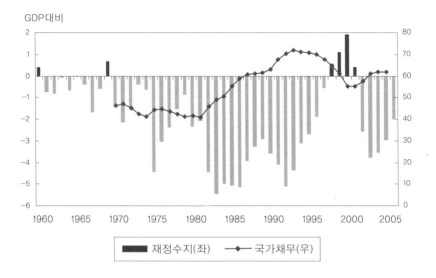

GDP대비

재정수지(좌) ── 국가채무(우)

주: 1) 재정적자 기간 : 1961~1968년, 1970~1997년 & 2002년~계속.
   2) 재정흑자 기간 : 1960년, 1969년, 1998~2001년.
자료: www.bea.gov(Bureau of Economic Analysis), OECD Economic outlook(80).

안정이 되었던 미국 연방정부의 재정은 부시 행정부의 지출확대 및 감세에 의해 다시 대규모 재정적자가 발생하였다. 소득세 세율 인하 등 감세에 따라 세입이 GDP 대비 2% 이상 감소하고, 재정적자도 GDP 대비 3% 이상으로 증가한 것이다. 이에 따라 2004년 4월 미국은 BEA와 유사한 지출통제법(Spending Control Act of 2004)을 제정하여 지출을 통제하려 하고 있다.

캐나다: 미국처럼 캐나다도 복지지출이 정부지출 증가의 주요 원인이다. 1960년대 들어 사회부문에 대한 정부 역할이 강

조되면서 지출이 증가하기 시작하였지만 1960년대 말까지는 세입의 증가가 순조로워서 재정적자가 심각하지 않았다. 그러나 석유파동 등으로 1970년대 들어 경기 불황이 오자 재정적자가 확대되었다. 당시에 캐나다 정부는 경기 침체를 극복하기 위해 감세 조치를 취한 반면 복지지출을 비롯한 정부지출은 축소되지 않았다. 1980년대에 들어서 연방정부 재정적자의 폭은 더욱 확대되었는데 높은 이자율로 인한 이자비용이 특히 심각한 문제로 대두되었다.

이를 극복하기 위하여 캐나다 정부는 1992년에 지출통제법(Spending Control Act)을 제정하여 미국처럼 지출에 대한 법적인 통제를 시도하였다. 1991-92회계연도부터 1995-96회계연도까지의 재정지출에 대한 한도를 설정하는데, 정부지출의 증가율은 예상 물가상승률인 1.6%로 통제하였다. 거의 전 분야의 지출을 감축하고 있는데 그 구체적인 내용을 보면 실업보험금, 방위비 등의 감축과 공무원 임금 동결 등이 있다. 1995-96회계연도에는 이자율이 예상보다 높아져 이자 지급에 사용될 예산이 증가하자 더욱 강력히 지출을 축소한다. 구체적으로 보조금을 60% 감축(GDP의 0.3%)하고, 연방정부의 공무원 15%를 감축하는 한편 지방정부에 대한 지원도 축소한다. 이에 따라 캐나다는 특별한 증세 조치가 없었지만 경기가 회복되며 소득세가 증가하며 재정이 안정된다.

뉴질랜드: 다른 나라와 마찬가지로 뉴질랜드의 재정적자

는 사회보장의 확대에서 출발한다. 사실 뉴질랜드는 사회보장 입법에서 선도적인 국가로서 1898년에 이미 노령연금법을 제정하였다. 또한 1938년에는 노동당 정부에 의해 포괄적 사회보장 체계가 실행되었다.

1973년 뉴질랜드 농축산품 최대 수입국인 영국이 유럽공동체에 가입하자 농축산품 수출이 축소되고, 석유파동에 의해 경제가 급격히 침체되면서 재정적자 및 정부 부채가 급증하게 된다. 뉴질랜드 정부가 1970~1980년대에 대규모 투자를 한 것도 재정적자의 요인이다.

1970년대 실시한 임금과 물가동결 등 정부의 강력한 통제 정책은 공공부문의 비대화만 초래했을 뿐 경제회복에는 실패하였다. 뉴질랜드 정부는 지출을 통제하려 하였으나 경제 구조조정으로 인한 실업 증가로 지출 통제에 실패한다. 세출 삭감이 본격화된 것은 1991년 집권한 국민당 정부가 사회보장지출의 축소와 정부자산 매각을 통해 정부규모 감축에 노력한 이후이다. 1991년 이후 사회보장, 교육, 보건지출의 대대적 삭감으로 동 부분의 지출합계는 GDP 대비 34.9%(1991)에서 29.9%(1994)로 하락한다.

스웨덴: 스웨덴은 대표적인 복지국가로 사회복지 분야의 지출이 재정 압박의 주요요인으로 작용하였다. 1989년에 이미 스웨덴 일반정부(중앙+지방)의 사회복지예산이 GDP 대비 39.1%로 OECD 국가 중 최고 수준이었다. 1970년대 후반부터

시작된 재정적자는 경기침체에 따른 세입 감소와 이를 감안할 수 없는 복지지출 증대가 원인이다.

1990년대 전반의 불황, 버블경제의 붕괴, 금융위기 등으로 스웨덴 경제는 매우 심각한 상황에 놓인다. 경기침체가 가장 심각했던 1993년의 경우 실업률은 8%까지 상승하고, 경제성장률은 -1.8% 기록하였다. 경기 침체로 정부수입이 정체·감소한 반면 사회복지 및 경제 분야에 대한 정부지출은 90년대 초반 급증하게 된다.

스웨덴 정부는 복지제도의 개혁을 통해 사회보장 지출 증가세를 억제하였으며 스웨덴의 재정안정이 이루어진다. 구체적으로 살펴보면 복지급여수준(주택보조금, 질병수당, 실업보험, 산업재해보험)의 인하와 급여요건을 강화했다. 또한 의료, 학교, 탁아 등의 복지 서비스 공급에 대한 권한을 지방정부로 이전하고, 지방정부 수준에서 경쟁원리를 도입하는 한편 시행기관의 민영화를 추진하였다.

세금 측면에 있어서도 각종 감세를 연기하는 한편 세율 인상을 단행하였다. 더 구체적으로 자본소득세 인하시기를 연기하였고, 부가가치세의 인하는 보류하였다. 반면 이자소득세율을 인상하고, 휘발유세 및 담배세를 인상하였다.

일본: 반면 아직도 재정 문제가 심각한 국가로는 일본이 있다. 일본은 전후 미국의 영향 하에서 형성된 재정구조와 재정제도의 도입으로 1965년까지는 균형재정의 원칙이 준수되었다.

당시의 재정준칙으로는 균형예산, 조세부담률 고정, 보수적인 세수추계이다. 조세부담률이 고정되어 있으므로 균형예산을 위해서는 사실상 지출의 GDP 대비 비중도 고정되어 있었다. The Dodge Plan 이래 적자재정에 의한 인플레이션 악화 방지를 위해 재정법에서 '건설국채' 이외의 국채 발행을 금지하였다.

그러나 사회보장의 확대 및 고령화로 사회보장지출이 1970년대 후반부터 급증하였다. 1950년대 후반부터 1970년대 전반에 이르는 고도성장기는 미국과 마찬가지로 일본 정부에 자신감을 부여했고, 그에 따라 사회보장제도를 점진적으로 확충하였다. 의료보험 및 국민연금은 1961년에 도입하였다. 특히, 1973년에는 공적 연금제도의 급여율 인상, 노인의료비 무상화 등 사회보장제도를 획기적 개선하여 '복지 원년'으로 불렸다. 일본은 대표적인 장수 국가로 고령화가 급속히 진행되자 연금의 증가가 복지 지출 증가에 결정적 역할을 하였다.

1990년대 중반 이후에 경기가 침체하자 일본 정부는 경기부양을 위하여 지출을 증대하는 한편 소비 지출을 증대시키기 위하여 감세 조치를 취하였다. 여기에 고령화 등으로 인한 사회보장 관련 정부지출이 증가하자 재정적자가 심각한 상태에 놓이게 되었다. 실제로 일본은 1992~1999년 중 모두 9차례에 걸친 대규모 경기부양을 실시히었으며, 대부분 사회간접자본 정비, 공공투자 등에 사용하였다. 1992년 감세, 1994년 소득세 감세, 1998년 소득세 항구적 감세, 1999년 소득세 최고세율 37%로 인하 및 법인세율 30%로 인하 등 투자 및 소비 촉진을 위한 감세를 실시하였다. 결과적으로 일본은 선진국 중에서 GDP 대비 정부부채 비율이 가장 높은 국가가 되었다.

〈표 17〉 국가별 재정적자 원인 및 개선 대책

	원 인	대 책
미국 1기	고금리(이자지급), 감세정책	법률(지출통제): 국방비 축소 고소득자 위주 세입 증대
미국 2기	감세정책	
캐나다	고금리(이자지급), 복지지출	지출통제제도, 보조금 등 축소
뉴질랜드	고금리(이자지급), 에너지 프로젝트, 복지지출	투자지출 감축
일본 1기	공공투자, 고령화(복지지출)	지출억제
일본 2기	버블붕괴 및 감세(세입 축소), 경기부양	
영국 1기	경제부양책, 세입정체	세출억제(경제부문), 경기회복
영국 2기	복지지출, 세수 감소	복지지출, 투자지출 억제
스웨덴 1기	세입 감소, 복지지출	경기회복(세입증대), 경제부문 지출 축소
스웨덴 2기	금융위기, 복지지출	복지 및 경제관련 지출 축소, 재정제도 개선

복지 지출 방향

외국의 사례를 감안할 때, '선택적 복지'와 '보편적 복지'와 같은 논쟁이 있지만 기본 방향은 재정을 안정적으로 운영하며 복지를 확충하는 것이다. 과다한 복지 지출은 "국가발전의 독이 되고 국민의 동의를 얻기 어려워 시행 가능성이 낮아진다"는 점은 보편적 복지를 주장하는 민주당에서도 동의하는 사항이기도 하다.

재정 안정이 반드시 필요한 이유는 외국사례 뿐만 아니라 우리 경제의 특수성에서도 찾을 수 있다. 먼저 금융·자본시장이 취약하므로 재정이 안전판의 역할을 담당하여야 한다. 특히, 금융, 환율 등 여타 정책수단의 유효성이 약화되었으므로 위기에 대한 완충역할은 재정이 담당하는 것이 필요하다. 수출입의 비중이 높고, 남북한 상황이 매우 유동적이어서 외부 및 내부 충격이 많고, 우리나라 경제가 그 충격에 취약한 구조일 수밖에 없다. 최근 남유럽의 사태에서 보듯이 재정의 악화는 우리 경제의 국제 신뢰도를 저하시켜 대외적인 충격을 야기하는 발단이 될 수도 있다.

물론 현재의 우리나라 재정은 안정적이라고 할 수 있다. 비록 금융위기로 2009년도에 정부의 재정적자가 급격히 증가하였지만 빠르게 회복되고 있기 때문이다. 정부부채도 외환위기로 인한 공적자금 상환으로 증가하는 추세를 보였지만 이후 안정화되었고, 금융위기로 다시 증가하였지만 이후 안정화되는 모양새를 보이고 있다.

최근 정부가 발표한 자료에 따르면 국가채무는 2011년 GDP 대비 약 35.15%에서 2015년에는 27.9%로 낮아진다. 정부의 목표치이므로 달성 가능성이 의문시될 수도 있지만 적어도 현재의 재정기조를 유지한다면 현재보다 높은 수준의 국가부채 비율은 아닐 것으로 판단된다. 이를 위하여 정부의 재정수지는 2011년 GDP 대비 약 2.0% 적자에서 점차적으로 낮아져 2013년에는 재정수지 균형을 맞추겠다는 것이 정부의 계획이다.

<표 18> 재정수지 및 국가채무 전망

(단위: 조원, GDP 대비 %)

	'11[1]	'12	'13	'14	'15
□ 관리대상수지	△25.0	△14.3	0.2	3.1	5.3
(GDP 대비 %)	(△2.0)	(△1.0)	(0.0)	(0.2)	(0.3)
□ 국가채무	435.5	448.2	460.0	466.4	471.6
(GDP 대비 %)	(35.1)	(32.8)	(31.3)	(29.6)	(27.9)

주: 1) '11년은 국회 확정예산 기준 수치.
자료: 기획재정부 보도자료, 2011. 9. 27.

이러한 사실을 감안할 때 당분간 재정이 안정 상태에 있을 것으로 보인다. 그러나 재정전망에 따르면 복지분야 지출이 불가피하게 증가하고 이에 따라 재정안정성이 위협을 받을 가능성이 있다. 연구결과마다 다소 차이가 있기는 하지만 한국조세연구원(2009)에 따르면 2009년 현재의 조세부담률인 20.8%를 유지할 경우에 2050년에는 국가채무의 규모가 GDP 대비 116%가 될 것으로 전망하고 있다. 반대로 2050년까지 국가채무비율을 60% 수준으로 유지하려면 조세부담률을 3.04%p 인상하여야 하며, 30% 수준으로 유지하려면 4.61%p 인상하여야 하는 것으로 나타나고 있다. 이는 매년 0.1%p 정도, 2010년 기준으로 하면 매년 1조 원 정도 세금 또는 사회보장기여금을 증대시켜야 재정이 안정된다는 의미이다.

외국의 사례에서 보듯이 복지와 관련된 재정지출은 일단 시작되면 재정적자가 심각한 시점에도 중단하는 것이 쉽지 않고, 오히려 확대되는 경향을 가진다. 특히 고령화와 연관이 있는 복지지출은 고령화가 진행됨에 따라 증가세가 강해지게 된다. 따라서 급격한 세금 인상이 없이 안정적으로 재정을 운용하려면 건강보험, 노인 관련 지출 등에 대한 통제를 통하여 복지지출이 적절한 증가세를 유지하는 것이 필요하다. 또한 외국과 비교해 보면 우리나라의 조세부담률과 사회보장부담률이 다 같이 낮으므로 조세부담과 사회보장기여금을 함께 높이는 방식이 필요하다는 것을 알 수 있다. 다만 급격한 국민부담의 증가는 바람직하지 않으므로 시급한 분야를 중심으로 복지를 확충한 후 재정 상황을 보아가며 순차적으로 복지지출을 확충하는 것이 필요하다.

재원조달

세출 부문
다음으로 순차적으로 복지지출을 확충하는 방안에 대해 생각해보자. 다시 말하면, 복지지출의 우선순위를 명확히 하는 것이 필요하다. 예를 들어, 급식의 경우를 보면 소요재원의 규모가 크지 않으므로 그대로 시행하여도 재정적 부담이 많은 것은 아니다. 그렇지만 초등학교부터 시행한 후에 상황을 볼 수 있을 것이다. 보육도 다수의 초·중·고등학교처럼 시설 분야는 민간의 재원으로 하고, 운영에 관한 비용은 정부가 지원하여도 문제가 없다. 따라서 어린이집과 유치원 비용을 우선적으로 지원하고, 국공립보육시설 확충이나 양육시설 지원은 다음 순위로 할 수 있을 것이다. 의료비는 의료비를 개인이 일부 부담하는 것에 문제가 있는 것이 아니라 과중한 의료비 부담이 발생하는 개인이나 가계가 문제가 된다. 따라서 전체적인 의료비를 정부가 지원하는 무상의료 방식에 앞서서 소득에 따른 연간 본인부담의 상한액을 설정하면 서민가계가 의료비로 인하여 생계에 곤란을 겪는 문제는 어느 정도 해소할 수 있을 것이다. 고등교육은 대학에 진학하려는 과다한 수요가 오히려 문제가 되는 실정이고, 고등교육의 공공성도 높다고 하기 어려우므로 등록금을 낮추는 것보다는 '취업 후 상환제도'를 보완하여 낮은 이자율로 대출하는 방식을 고려해 보아야 한다. 어느 경우이든 복지로 인한 지출은 증가할 것으로 예상된다. 따라서 최근 논의되고 있는 추가적인 복지 수요를 감안하면 재정안정을 위해 필요한 규모는 매년 0.1%p 정도보다 커야한다. 따라서 이를 조달하기 위한 재원이 있어야만 재정의 안정성이 유지될 것이므로 재원을 조달할 방안을 생각해보자.

고령화 및 국민의 복지 요구에 따라 복지지출이 증가할 것으로 보이므로 이를 위한 재원은 경제분야 예산을 축소하여 일부 조달할 수 있을 것이다. 우리나라의 경우에 방위비나 일반행정분야는 지출 비중이 하락하여 왔으므로 추가적인 하락이 어려울 것으로 판단된다. 반면 복지·의료·교육비 등 사회분야는 외국에 비해 낮고, 고령화 등으로 급격히 증가할 것으로 전망된다. 그러나 외국에 비해 농업, 중소기업, 교통 및 통신 등 경제분야에 대한 지출 비중이 높다. 경제분야에 대한 지출의 규모는 2012년 예산 기준으로 R&D 16조 원, 중소기업 등 15.2조 원, SOC 22.6조 원, 농림 등 18.1조 원이다. 따라서 물가상승률 수준으로만 증가율을 통제한다면 전체 경제분야 예산 70조 원에 성장률을 곱한 만큼의 재원이 발생할 것으로 보인다. 성장률이 4% 수준이라면 매년 약 3조 원의 재원이 가능하다. 따라서 당분간 매년 3조 원 정도로 추가적인 복지 수요에 사용하는 방식이 가능하다. 다만 경제분야에 대한 정부지출의 축소에 한계가 있으므로 장기적으로는 불가피하게 세입 증가 등 다른 형태의 재원조달이 필요하다.

　재정력이 있는 지방자치단체로 하여금 재정 부담을 증대시키는 것도 하나의 방법이 될 수 있다. 재정적 여력이 있는 수도권 지방자치단체에 수도권에 건설되는 일부 SOC의 건설비용 부담을 높이거나 교육비 지원 수준을 낮출 수 있을 것이다. 그렇지만 지방정부의 재원 확충 욕구가 많다는 것을 감안하면 재정력이 있는 지방자치단체의 재정 부담을 증대시켜 얻은 재원은 재정력이 약한 지방자치단체에 배분될 가능성이 높아서 적절한 재원으로는 한계가 있다.

세입 부문

복지 확충을 위한 일부 재원은 불가피하게 세입을 증대시켜서 조달하여야 한다. 세입을 증대시키는 핵심적 방안은 사회보장기여금을 증대시키거나 세금을 인상하는 것이다.

정부의 중기계획에 따르면 조세부담률은 2012년 대비 2015년에 0.5%p 증가한다. 1년에 약 0.1%p 정도 증가하는 수준이다. 2010년도 GDP가 1172.8조 원이므로 2010년 기준으로 생각하면 특별한 증세가 없어도 2010년 기준으로 약 1조 원 정도 증가한다. 반면에 국민부담률은 거의 증가하지 않는 것으로 나타나고 있다. 그러나 장기적인 재정안정을 추구하려면 조세보다는 국민부담, 즉 사회보장보험료를 증대시켜야 한다.

〈표 19〉 조세부담률 및 국민부담률 전망

(단위: GDP 대비 %)

	'11[1]	'12	'13	'14	'15
□ 조세부담률	19.3	19.2	19.4	19.5	19.7
□ 국민부담률	25.1	25.1	25.3	25.5	25.7

주: 1) '11년은 국회 확정예산 기준 수치.
자료: 기획재정부 보도자료, 2011. 9. 27.

우선 건강보험 및 연금기여금의 비율을 점진적으로 높이는 것이 필요하다. 건강보험 및 연금의 급여 및 기여금의 불균형이 장기 재정불안정의 핵심 요인으로 파악뇌고 있기 때문이다. 한국조세연구원의 2010년도 장기재정전망에 따르면 건강보험과 장기요양보험은 2010년 GDP 대비 3.27%에서 2050년 GDP 대비 5.67%로 높아지므로 필요한 재원 규모는 GDP 대비 약 2.4% 이다. 따라서 향후 40년간 매년 GDP 대비 0.05%, 2010년 기준 약 6천억 원씩 증대시키야 한다. 특히, 건강보험의 보험요율을 일부 조정하여 소득 대비 의료비 상한과 관련된 재원을 조달할 수 있다. 좀 더 심각한 분야는 국민연금과 기초노령연금이다. 해당 분야의 지출 규모를 보면 2010년 GDP 대비 약 1.3%에서 2050년 GDP 대비 약 8.4%로 높아진다. 필요한 재원 규모가 GDP 대비 약 7% 수준으로 향후 40년간 2010년 기준으로 매년 약 2조 원씩 늘려야 하나는 의미가 된다. 국민연금은 수지 균형에 맞도록 사회보험료를 점진적으로 조정한다고 가정하면 문제가 되는 분야는 기초노령연금으로 필요한 재원 규모가 GDP 대비 약 2.7%로 건강보험보다 약간 많은 수준이다. 그렇지만 기초노령연금 지출을 보면 최근 지출 규모가 안정되고 있다. 따라서 수급자 확대 및 단가를 크게 인상하지 않는다면 전망에 나티난 것과 같은 지출 급증은 나타나지 않을 것으로 보인다. 다시 말하면, 기초노령연금의 확대는 추가적인 세입 확보에 부합하도록 하면 재정안정이 가능하다.

추가적인 재원 확보가 가능한 남은 분야는 세금이다. 세금

분야는 소득세와 법인세 추가 감세를 철회하였으므로 소득세를 일부 강화하는 정도가 바람직하다. 사회보험의 재정 안정을 위해 사회보장기여금이 증가되어야 하는 상황에서 조세부담률마저 빠르게 높아지는 것은 바람직하지 않을 뿐만 아니라 정치적으로도 가능하지 않을 것이기 때문이다. 소득세를 강화할 수 있는 방안으로는 현재 대주주에게만 부과하고 있는 주식양도차익과세 등을 대규모 주식양도차익을 얻은 개인으로 확대하는 방안이 있을 수 있다.

외국의 사례를 볼 때 세수 증대가 가능한 또 다른 분야는 주류, 담배, 유류에 대한 세금이 있다. 유류에 대한 세금 비중이 높다는 것을 감안하면 술이나 담배가 적정한 세원으로 보인다. 또 다른 대상은 로또, 복권, 경마·경륜·경정 등 각종 게임산업에 대한 조세 및 부담금 강화이다. 해당 분야는 추가적인 세금 부담이 미치는 경제적 악영향이 가장 적고, 건강 등 사회적비용을 고려할 때 정당성을 보유하고 있기 때문이다. 그렇지만 담배와 술에 대한 세금이 가장 역진적임을 감안할 때 소득 및 법인세 감세를 지속하며 담배와 술에 대한 세금을 높이면 정치적으로 문제가 발생한다. 따라서 소득세와 함께 해당 세율을 높이는 것이 바람직하다. 추가적인 세수의 규모는 현재로서는 알기 어렵다. 다만 추가적인 세수는 기초노령연금의 확대에 사용한다면 재정안정을 이루면서 복지의 확충이 가능할 것이다.

교육 및 의료에 대한 정부지원이 강화되면 자연스럽게 교육비 및 의료비와 관련된 소득공제도 축소될 것이다. 따라서 일부 복지지출은 자동적으로 재원이 일부 조달되기도 할 것이다.

조세감면 축소를 통한 재원 조달의 가능성이 있지만 실행 가능성은 높지 않다. 2011년 기준 비과세·감면 규모는 31조 3,600억 원이다. 구성을 보면 산업·중소기업·에너지(8.8조 원), 사회복지(6.9조 원), 농림수산(6.1조 원) 및 보건(3.7조 원) 4개 분야의 국세감면액(25.5조 원)이 전체 감면총액의 81% 수준을 차지하고 있다. 농협 등에 대한 예탁금에 대한 저율과세 폐지, 농어업용 기자재에 대한 영세율 폐지, 농어업용 유류를 부가가치세 과세로 전환하는 것이 가능하다. 현재는 고용과 관련된 투자세액공제로 되어 있지만 임시투자세액공제, 신용카드 공제 등도 축소가 가능한 대상이기는 하다. 비효율적인 조세감면의 축소는 감면제도의 단순화, 재정의 효율성 증대 측면에서도 바람직하지만 이해당사자의 반발이 문제가 된다. 조세감면이 축소되는 경우에도 고용, 연구개발, 환경, 에너지 등 조세감면 요구가 많은 분야로 전환될 가능성이 있다.

〈표 20〉 연도별 국세감면액 추이

(단위: 조원, %)

	07년	08년	09년	10년(잠정)	11년(잠정)
국세감면액(A)	22.9	28.8	31.1	30.1	31.3
국세수입총액(B)	161.4	167.3	164.5	175.0	187.8
국세감면율(A/(A+B))	12.5%	14.7%	15.8%	14.6%	14.3%
국세감면율 법정한도	14.0%	13.6%	14.0%	14.8%	15.5%

자료: 2011년도 조세지출예산서 보도자료, 기획재정부.

결론적으로 건강보험 및 연금은 수지 균형에 맞도록 사회
보험료를 점진적으로 조정하는 것이 필요하다. 또 재정불안 요
소인 기초노령연금은 조세분야의 자연 증가분 및 담배 등을 통
한 추가적인 세입 확보에 부합하는 수준으로 확대해가면 될 것
으로 보인다. 현재 논의되고 있는 의료, 대학교육, 보육, 급식과
같은 추가적인 복지지출 수요는 경제분야 예산을 축소하여 조
달하는 방식으로 하면 될 것이다. 더 정확히 표현하면 경제분야
예산의 증가율을 지금보다 낮추어 발생하는 재원만큼을 추가
복지 수요의 우선순위에 따라 배분하면 될 것이다.

서론

소득분배에 따른 사회후생의 크기는 그 사회가 갖고 있는 사회후생함수의 형태에 따리 달라지며, 사회후생함수의 형태는 사회의 구성원이 추구하는 사회의 성격에 따라 결정된다. 따라서 모든 성격의 사회에 적용되는 일률적인 적정 소득분배비율은 존재하지 않으며, 소득분배의 불평등 정도는 완전한 소득분배로부터의 격차를 측정하여 나타낸다.

1990년대 이후 소득불평등도가 커지고 있는 것은 전 세계적인 추세로 이해할 수 있다. 미국, 영국 등 선진국에서는 1980년대 이후 IT를 기반으로 하는 지식기반경제의 새로운 경제패러다임이 전개되면서 소득불평등도가 확대되었으며, 인구의 급속한 고령화 현상 역시 소득불평등도를 확대시킨 주요 요인으로 인식되고 있다. 경제의 패러다임이 변화한 것과 인구의 고령화 현상 등은 일시적인 현상이 아닌 구조적인 것으로 대부분의 국가가 명확한 해결책을 구하는데 어려움을 겪고 있는 것이 현실이다.

본 장에서는 우리나라 소득분배의 실태에 대해서 알아보고, OECD 회원국과의 비교를 통하여 우리의 현주소를 파악하고자 한다. 또한 소득분배구조의 개선을 위하여 정부가 취할 수 있는 정책방향에 대해서도 논의한다. 본 장의 구성은 다음과 같다.

　　　'1. 소득의 개념 및 소득분배의 측정'에서는 소득분배의 논의에서 사용되는 소득의 개념에 대해서 소개하고, 소득불평등도를 측정하는 주요 지수에 대해서도 설명한다. '2. 우리나라 소득분배의 실태'에서는 우리나라의 소득분배 실태를 분석하여 소득불평등도를 산출하고 그 추이를 분석하여 소득분배구조가 과거로부터 어떻게 변화해 왔는가에 대해서 논의한다. '3. OECD 회원국의 소득분배 실태'에서는 OECD 회원국을 대상으로 소득불평등도를 비교하여 소득불평등도가 가장 낮은 국가에서부터 가장 높은 국가까지의 실태를 분석한다. 또한 이를 통하여 우리나라 소득불평등도의 수준을 판단하고자 한다. '4. 소득분배구조 개선을 위한 정책방향'에서는 앞에서 논의한 결과를 토대로 우리나라의 소득분배구조 개선을 위한 정책방향에 대하여 논의한다.

소득분배의 실태 및 시사점

1. 소득의 개념 및 소득분배의 측정

소득의 개념

[그림 1] 단계별 소득의 종류

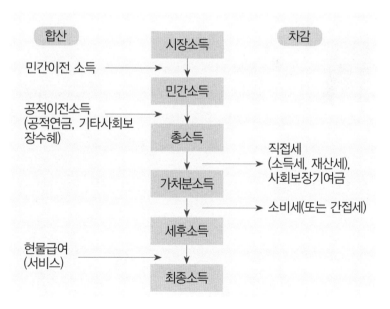

소득분배와 관련하여 사용되는 소득의 개념은 다음 [그림 1]에서 보는 바와 같이 여러 단계를 거쳐 도출된다. [그림 1]은 소득분배의 논의에서 사용되는 단계별 소득의 종류 및 개념을 나타낸다.

시장소득(market income)은 시장에서 노동이나 자본의 공급을 통해 수취한 원천소득으로 근로소득, 사업소득, 임대소득, 이자 및 배당소득, 자본이득을 포함하는 개념이다. 민간소득(private income)은 시장소득에 민간이전소득을 합한 소득으로 일반적으로 선진국에서는 그 규모가 작고 개도국에서는 그 규모가 상대적으로 큰 경향이 있다. 총소득(gross income)은 민간소득에 공적연금과 각종 사회부조 등을 합산한 소득을 말하며, 우리나라의 경우 국민연금, 실업급여, 국민기초생활보장 수혜금 등이 포함된 개념이다. 가처분소득(disposable income)은 총소득에서 직접세와 사회보장기여금을 차감한 소득을 말하며, 가처분소득에서 간접세를 차감한 소득을 세후소득(post-tax income), 세후소득에 현물급여(in-kind benefits)를 합산한 소득을 최종소득(final income)으로 정의하고 있다. 소득분배와 관련된 연구는 현실에서 관찰 가능한 시장소득에서 가처분소득까지의 소득을 대상으로 수행되어 왔다.[1]

---

1) 여기서 소개한 단계별 소득의 종류 및 관련 설명은 성명재(2011)의 내용을 토대로 인용·재구성 하였음

소득분배의 측정

한 사회의 소득분배 관련 불평등도를 측정하는 방법에는 지니계수, 앳킨슨(Atkinson)지수 등 여러 가지 방법이 사용되고 있으나, 지니계수가 가장 일반적으로 활용되고 있다. 지니계수(Gini coefficient) 측정에 사용되는 [그림 2]의 로렌츠곡선(Lorenz Curve)은 한 사회의 총소득의 누적비중과 총인구의 누적비중간의 관계를 나타낸다. 지니계수는 [그림 2]에서 보는 바와 같이 완전히 평등한 소득분배를 나타내는 45도 직선과 실제 분배를 나타내는 로렌츠곡선 사이의 면적이 45도선 밑에 형성된·직각삼각형 면적에서 차지하는 비중으로 소득분배 불평등 정도를 측정한다. 로렌츠곡선이 45도 직선과 일치하는 경우, 즉 지니계수가 0이 되는 경우는 완전히 평등한 소득분배를 나타내고, 그 반대의 경우, 즉 지니계수가 1이 되는 경우, 완전히 불평등한 소득분배를 나타낸다. 따라서 지니계수의 크기가 클수록 소득분배의 불평등도가 큰 것을 의미한다.

[그림 2] 소득분배곡선(로렌츠곡선)

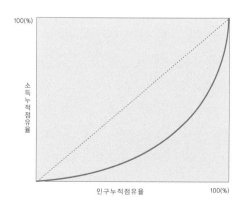

앳킨슨(Atkinson)지수는 균등하게 분배했을 때 실제와 대등한 사회후생을 가져오는 소득금액이 실제의 평균소득금액에서 차지하는 비중을 1에서 뺀 값으로 산출한다. 만일 실제의 소득이 균등하게 배분되어 있다면, 앳킨슨지수의 값은 0이 되어 지수의 값이 0에 가까울수록 평등도가 높은 것을 의미하고, 1에 가까울수록 불평등도가 높은 것을 의미한다. 앳킨슨지수는 불평등에 대한 사회의 기피정도에 따라 사회후생함수가 결정되므로 그에 따라 지수의 값도 변화되는 특징을 갖고 있다.

달튼(Dalton)지수는 소득분배가 평등할수록 사회후생이 커진다는 사회후생함수의 형태를 전제로 하여, 실제 소득분배에 대한 사회후생의 값이 소득이 평등하게 분배되었을 때의 사회후생의 값에서 차지하는 비중으로 나타낸다. 즉, 달튼지수가 0에 가까우면 소득분배가 불평등하다는 것을 의미하며, 지수가 1에 가까우면 소득분배가 평등하다는 것을 의미한다.

십분위 분배율은 총인구를 10%씩 나누어 최저소득계층을 1분위, 최고소득계층을 10분위로 하는 10개의 계층으로 나누어 하위 40%의 소득점유율이 상위 20%의 소득점유율에서 차지하는 비율을 말한다.

이상에서 설명한 바와 같이 앳킨슨지수와 달튼지수의 경우 한 사회의 사회후생함수의 형태에 따라 지수의 값이 결정되는 특징이 있기 때문에 여러 나라를 비교하는 국제비교에는 적합하지 않은 측면이 있다. 따라서 지니계수와 십분위 분배율이 소득분배와 관련된 대부분의 연구에서 활용되고 있다.

2. 우리나라 소득분배의 실태[2)]

소득분배의 추이

우리나라의 소득분배 추이는 [그림 3]의 지니계수 추이에서 보는 바와 같이 과거 경제개발 초기단계에 해당하는 1980년대 이전에는 상대소득격차가 컸지만, 1980년대에서 1990년대 초까지는 상대소득격차가 지속적으로 축소되었음을 알 수 있다. 원종학·성명재(2007)는 이와 같은 변화는 소득분배균등도가 경제발전의 초기단계에서는 점점 떨어지다가 경제발전이 성숙단계에 들어서면 다시 높아진다는 쿠즈네츠(Kuznets)의 역U자 가설 중 후기단계에 해당하는 것이라 설명하고 있다. 또한 쿠즈네츠의 역U자 가설은 경제발전 초기에는 소득분포가 하향 평준화

---

1) 본 절에서 논의하고 있는 소득분배의 실태와 관련된 내용은 성명재(2011), 원종학·성명재(2007)의 내용을 인용·발췌·정리하였음.

되어 있고, 경제발전의 성숙단계에는 소득분포가 상향 평준화 되기 때문이라 설명하고 있다. 유항근(2000)의 연구는 70개국 의 횡단면 자료를 이용하여 경제성장과 극빈계층의 소득변화가 쿠즈네츠의 역U자 가설을 만족하는지를 검증하였는데, 미약하 지만 긍정적인 연구결과를 도출하였다. 또한 경제성장률이 높 더라도 소득분배가 직접적으로 개선되지는 않지만 1인당 국민 소득 수준이 향상되면 소득분배가 개선된다는 결과도 보고되고 있다. 안종범(2003)은 1963년부터 2000년까지의 자료를 이용하 여 쿠즈네츠(Kuznets)의 역U자 가설이 우리나라에도 적용되는 지를 분석하였는데, 우리나라의 경우에는 쿠즈네츠(Kuznets)의 역U자 가설이 적용되지 않는다는 연구결과를 도출하고 있다.

[그림 3]에서 보는 바와 같이 1990년대 초·중반에는 지니 계수가 저점 부근에서 유지되고 있는 모습을 보였지만, 1990년 대 중반 이후에는 상대소득격차가 다시 확대되는 모습을 보이 고 있다. 이와 같은 이유는 외환위기로 촉발된 경제위기 때문인 것으로 판단되며, 2000년대 이후에는 지니계수가 완만한 상승 추세를 보이고 있어 상대소득격차가 다시 커지고 있음을 알 수 있다.

[그림 3] 소득종류별 지니계수 추이(2인 이상 도시가구)

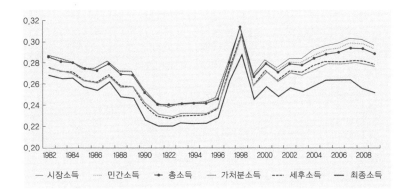

― 시장소득   ···· 민간소득   ―◆― 총소득   ― 가처분소득   ---- 세후소득   ― 최종소득

경제위기 때문에 지니계수가 가파르게 상승했던 1997년과 1998년의 기간을 제외하면 지난 30년간 지니계수는 완만한 U자 형을 보이고 있어 우리나라의 소득불균등도는 지난 30년간 점 진적으로 완화되어 오다가 2000년 이후부터 소득불균등도가 커 지는 모습을 보이고 있다.

총소득 분포 현황

소득계층별로 총소득의 분포 현황을 보면 〈표 1〉 및 [그림 4]에서 보는 바와 같으며, 소득계층별 총소득 분포의 특징은 고 소득층으로 갈수록 평균소득이 빠르게 증가하고 있다는 것이 다. [그림 4]에서 쉽게 확인할 수 있듯이 2005년과 2009년의 총 소득 수준이 대체로 비슷한 것은 2009년의 경우에는 다수의 노인

가구가 포함된 1인 가구를 포함한 평균소득이기 때문이다.

[그림 4] 소득계층별 총소득 분포(가계조사자료)

(단위: 천원)

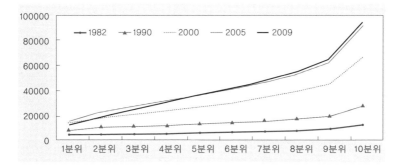

〈표 1〉 소득계층별 총소득 분포(가계조사자료)

(단위: 천원)

	1분위	2분위	3분위	4분위	5분위	6분위	7분위	8분위	9분위	10분위	평균
1982	1,502	2,081	2,443	2,823	3,170	3,567	4,114	4,856	5,909	9,078	3,954
1983	1,636	2,256	2,697	3,120	3,553	3,991	4,541	5,334	6,464	9,738	4,333
1984	1,794	2,531	3,055	3,488	3,943	4,483	5,038	5,864	7,198	10,801	4,820
1985	1,968	2,751	3,256	3,677	4,078	4,577	5,209	6,038	7,395	11,349	5,030
1986	2,182	3,122	3,692	4,184	4,732	5,337	6,013	6,971	8,511	12,603	5,735
1987	2,608	3,608	4,200	4,861	5,471	6,150	7,030	8,226	10,009	15,138	6,730
1988	3,133	4,391	5,222	5,942	6,670	7,469	8,489	9,692	11,796	17,733	8,052
1989	3,886	5,401	6,383	7,263	8,103	9,078	10,242	11,788	14,277	21,713	9,813

	1분위	2분위	3분위	4분위	5분위	6분위	7분위	8분위	9분위	10분위	평균
1990	4,890	6,715	7,817	8,830	9,816	10,982	12,303	14,040	16,762	24,415	11,655
1991	5,982	8,240	9,601	10,893	12,175	13,639	15,192	17,242	20,146	28,178	14,128
1992	6,896	9,656	11,290	12,760	14,187	15,851	17,609	19,748	23,495	32,954	16,445
1993	7,442	10,384	12,182	13,815	15,446	17,057	19,008	21,423	24,865	36,083	17,771
1994	8,343	11,770	13,785	15,582	17,392	19,489	21,834	24,767	29,081	40,070	20,214
1995	9,342	13,378	15,715	17,753	19,946	22,214	24,897	28,372	33,124	45,305	23,003
1996	10,275	14,703	17,258	19,785	22,371	25,018	28,083	31,703	36,862	51,374	25,745
1997	6,966	13,373	17,105	20,152	22,951	25,686	29,057	33,135	39,042	55,514	26,299
1998	5,070	10,054	13,777	16,833	19,768	22,521	25,778	29,695	35,405	51,466	23,036
1999	9,510	13,822	16,666	19,107	21,748	24,515	27,796	32,051	37,865	53,994	25,708
2000	10,322	15,129	18,250	21,143	24,250	27,425	31,160	35,978	42,797	63,685	29,017
2001	11,363	16,323	19,371	22,316	25,283	28,596	32,539	37,804	44,967	65,205	30,376
2002	11,489	16,727	20,361	23,963	27,169	31,007	35,114	40,737	48,860	70,491	32,593
2003	11,614	17,940	22,345	26,177	30,133	34,039	38,755	44,833	52,723	77,084	35,566
2004	12,187	19,023	23,588	27,862	32,046	36,648	41,630	48,125	57,539	84,156	38,282
2005	12,307	19,486	24,580	28,915	33,143	37,828	43,110	49,702	60,094	88,849	39,804
2006	8,936	15,346	20,569	25,343	30,541	35,992	41,907	49,055	59,083	87,782	37,455
2007	8,847	15,431	21,005	26,502	31,482	36,910	43,034	50,318	61,115	91,315	38,602
2008	8,828	15,128	20,987	26,492	31,920	37,471	43,713	51,535	62,774	94,407	39,324
2009	8,961	15,990	21,597	27,117	32,752	38,412	44,739	52,345	62,567	91,700	39,616

연령별로 총소득 분포의 실태를 보면 [그림 5]에서 보는 바와 같이 완만한 역U자형의 모습을 띠고 있다. 이와 같은 모습은 직장생활 등이 성숙기에 접어든 중·장년층에서 평균소득이 높은 반면, 시장진입기인 청년층(20대)과 은퇴기 이후의 연령층(50대 후반 이후)에서 평균소득이 낮은 전형적인 모습이라 할 수 있다. 연령별 총소득 분포의 추이를 보면 1980년대 및 1990년대 보다 2000년대 이후에 역U자의 모습이 나타나고 있어 연령대별 소득격차가 최근에 점점 커지는 추세에 있음을 알 수 있다. 특히 2009년의 모습을 보면 역U자 형태가 더욱 뚜렷해져 연령별 소득격차의 심각성이 커지고 있다고 이해할 수 있다.

[그림 5] **연령별 총소득 분포(가계조사자료, 2009년)**

(단위: 천원)

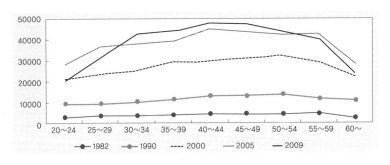

가계조사자료를 통해 주요 총소득 백분위수별 최고 소득 획득연령을 살펴보면 [그림 6]과 같다. 전반적인 추세를 볼 때 백분위수별 최고 소득 획득연령은 고소득 백분위일수록 높은

연령에서 최고 소득을 획득하고, 저소득 백분위일수록 낮은 연령에서 최고 소득을 획득하는 것으로 나타나고 있다. 이와 같은 현상을 성명재(2011)는 고생산성 소유자일수록 시장에 오래 잔존하는 것으로 해석하고 있다.

[그림 6] 백분위수별 최고 소득 획득연령

(단위: 세)

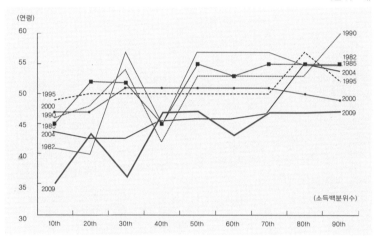

연령별 소득불평등 추이

[그림 7]은 1990년대 중반부터 최근까지의 연령별 지니계수의 추이를 나타낸다. 지니계수의 전체적인 추이를 보면 연령이 증가할수록 지니계수가 완만하게 지속적으로 증가하는 모습을 보이고 있어 나이가 들수록 소득불평등도가 확대되고 있는 것을 알 수 있다. 성명재(2011)에 의하면 고연령층일수록 상

대소득 불평등도가 확대되는 것은 시장에서 소득획득력 차이에 기반한 시장선택 효과가 누적되기 때문이며, 고령화 사회가 진전될수록 소득불평등도가 확대될 것이라 예상하고 있다. 고령화가 빠른 속도로 진전되고 있는 우리나라의 현상을 고려할 때 노령층의 소득불평등도가 점점 더 심각해 질 것이 예상되므로 이에 대한 대책을 강구해야 할 것이다.

[그림 7] 연령대별 지니계수의 특징

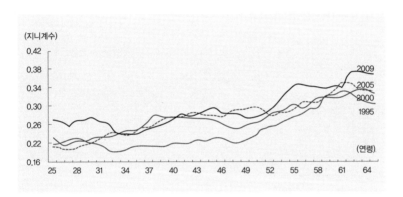

3. OECD 회원국의 소득분배 실태[3]

소득불평등도의 실태

[그림 8]은 2000년대 중반을 기준으로 소득불평등도를 나타내는 지니계수의 값을 OECD 회원국가별로 나타내고 있다. 여기서 사용한 소득은 가처분소득이며, OECD 국가 가계가처분소득 분포의 전체적인 모습은 국가별로 매우 상이함을 알 수 있다. 국가들은 지니계수의 크기에 따라 왼쪽부터 오른쪽으로 정리되어 있어 가장 왼쪽에 있는 덴마크의 소득불평등도가 제일 낮고, 가장 오른쪽에 있는 멕시코의 소득불평등도가 제일 높은 것을 알 수 있다. 그림에서 보는 바와 같이 회원국가 내 소득불평등에 있어 국가 간의 차이는 상당히 크며, 소득불평등도가 가

---

3) 본 절에서는 소득분배의 국제비교를 위하여 가장 최근에 발간 된 OECD(2008)의 자료를 번역하여 요약·발췌·재구성 하였음.

장 큰 멕시코의 지니계수가 소득불평등도가 가장 작은 덴마크 지니계수의 두 배 정도에 해당하고 있다.

좀 더 동질적인 성향(homogeneous clusters)을 지닌 국가들 간의 그룹화는 다소 자의성을 지니지만, [그림 8]에 나타난 국가들은 국가별로 다섯 개의 그룹으로 분류될 수 있다.

[그림 8] 2000년대 중반 OECD 국가의 소득불평등 지니계수

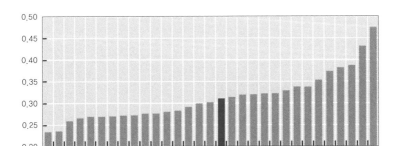

자료: OECD, Growing Unequal? Income Distribution and Poverty in OECD Countries, 2008.

그림의 왼쪽 끝에 위치한 그룹은 덴마크와 스웨덴을 포함하며, 이들 국가는 지니계수가 0.23을 선회하는 그룹으로 OECD 평균보다 0.07포인트(25%) 이상 아래에 위치하여 "매우 낮은" 소득 불평등을 보이고 있다.

두 번째 그룹은 해당 국가의 지니계수가 OECD의 평균보다 약간 낮은 국가를 포함하며, 이 그룹에 속하는 국가들은 지니계수가 낮은 순서대로 열거하면, 룩셈부르크, 오스트리아, 체코슬

로바키아, 핀란드, 벨기에, 네덜란드, 스위스, 노르웨이, 아이슬란드, 프랑스, 헝가리, 독일, 호주가 포함된다. 이 그룹에 해당하는 모든 국가의 지니계수는 0.26과 약 0.30 사이에 위치하며, OECD 평균보다 17%~3% 가량 낮은 수치를 보이고 있다.

세 번째 그룹에 속하는 국가의 지니계수는 두 번째 그룹에 속하는 국가보다 크게 높진 않지만, OECD 평균보다 지니계수가 큰 국가가 포함된다. 이 그룹에는 한국, 캐나다, 스페인, 일본, 그리스, 아일랜드, 뉴질랜드 및 영국이 포함되며, 이 그룹에 있는 모든 국가의 지니계수는 0.31과 0.34 사이에 위치하여 OECD 평균 보다 0.25포인트(1%에서 8%사이)까지 초과하는 모습을 보이고 있다.

네 번째 그룹은 이탈리아, 폴란드, 미국, 포르투갈을 포함하며, 이 그룹의 지니계수는 OECD 평균을 0.04~0.07포인트 정도(13%에서 24%까지) 초과하고 있다.

마지막 그룹에는 그림의 가장 상위 끝에 있는 터키와 멕시코가 포함되며, 이들 국가는 비록 과거보다 그 정도가 개선되었지만, 현재 OECD 평균보다 38%와 52% 높은 수준의 소득불평등을 보이고 있다.

소득불평등지표의 민감도 분석

지니계수를 제외한 소득불평등도를 나타내는 많은 요약지

표(summary indexes)들은 로렌츠곡선의 위치에 따라 지표의 값이 변하기 때문에 국제비교의 순위가 어떤 지표를 사용했는가에 따라 달라지는 문제가 있다. 〈표 2〉는 소득불평등성에 대한 네 개의 요약측성값(summary measures)을 지니계수와 비교하여 보여주고 있다.

평균로그편차(mean log deviation)는 각 십분위 계층 소득에 대한 평균소득의 비중에 자연대수를 취한 평균값을 나타낸다. SCV(squared coefficient of variation)는 각 십분위 평균소득의 편차를 총인구 평균소득의 제곱으로 나눈 값으로 구한다. P90/P10 십분위비율(inter-decile ration)은 1분위 상한소득에 대한 9분위 상한소득의 비율을 나타내고, P50/P10 십분위비율은 1분위 상한소득에 대한 1분위 중간(median)소득의 비율을 나타낸다. 평균로그편차(mean log deviation)와 십분위(inter-decile) 비율은 하한값이 1인 반면 상한값은 없으며, SCV(squared coefficient of variation)는 하한값이 0인 반면 상한값이 무한대인 차이가 존재한다.

앞에서 소개한 서로 상이한 측정지표들도 전반적으로는 일관성 있는 결과를 도출하고 있다. 이러한 측정지표와 지니계수 사이의 상관관계를 보면 평균로그편차와 P90/P10 십분위(inter-decile) 비율의 경우 0.95를 상회하고, SCV(Square Coefficient of Variation)와 P50/P10 십분위(inter-decile) 비율의 경우는 0.80 정도를 보이고 있다.

소득불평등도를 측정하는 지표에 따라 어떤 국가의 소득불평등도 순위는 개선되는 반면 다른 국가는 소득불평등도 순위가 떨어지는 경우가 발생하였지만, 전반적으로 평가하였을 때 서로 상이한 측정지표들도 일관성 있는 결과를 도출하고 있다고 평가할 수 있다.

〈표 2〉 2000년대 중반 OECD국가의 소득불평등에 따른 지표 비교

	Gini coefficient		Mean Log Deviation		Standard Coefficient of Variation		Interdecile ratio P90/ P10		Interdecile ratio P50/ P10	
	Level	Ran	Level	Ran	Level	Ran	Level	Ran	Level	Ran
Australia	0.30	16	0.17	15	0.39	9	3.95	15	2.09	18
Austria	0.27	4	0.13	8	0.33	3	3.27	10	1.82	7
Belgium	0.27	9	0.13	6	0.30	1	3.43	14	1.97	14
Canada	0.32	18	0.18	17	0.59	17	4.12	17	2.14	20
Czech Republic	0.27	5	0.12	4	0.38	8	3.20	5	1.74	2
Denmark	0.23	1	0.10	2	0.60	18	2.72	1	1.75	3
Finland	0.27	7	0.13	7	0.81	24	3.21	6	1.86	11
France	0.28	13	0.14	9	0.37	7	3.39	13	1.82	8
Germany	0.30	15	0.16	14	0.45	13	3.98	16	2.08	17
Greece	0.32	21	0.18	16	0.43	12	4.39	21	2.18	21
Hungary	0.29	14	0.14	10	0.48	15	3.36	12	1.78	6
Iceland	0.28	12	0.16	13	0.54	16	3.10	4	1.76	4
Ireland	0.33	22	0.19	18	0.79	22	4.41	22	2.29	22
Italy	0.35	25	0.24	23	1.10	25	4.31	20	2.11	19

	Gini coefficient		Mean Log Deviation		Standard Coefficient of Variation		Interdecile ratio P90/ P10		Interdecile ratio P50/ P10	
	Level	Ran	Level	Ran	Level	Ran	Level	Ran	Level	Ran
Japan	0.32	20	0.20	20	0.41	11	4.77	25	2.43	26
Korea	0.31	17	0.20	22	0.35	5	4.73	24	2.50	27
Luxembourg	0.26	3	0.12	3	0.30	2	3.25	8	1.86	10
Mexico	0.47	30	0.41	28	2.70	28	8.53	30	2.86	30
Netherlands	0.27	8	..	..	..	..	3.23	7	1.86	12
New Zealand	0.34	23	..	..	..	..	4.27	19	2.06	16
Norway	0.28	11	0.16	12	0.46	14	2.83	3	1.77	5
Poland	0.37	26	0.26	24	0.71	20	5.63	26	2.42	25
Portugal	0.42	28	0.31	26	1.13	26	6.05	28	2.35	24
Slovak Republic	0.27	5	0.13	5	0.37	6	3.26	9	1.86	13
Spain	0.32	19	0.20	21	0.41	10	4.59	23	2.32	23
Sweden	0.23	2	0.10	1	0.65	19	2.79	2	1.72	1
Switzerland	0.28	10	0.15	11	0.34	4	3.29	11	1.83	9
Turkey	0.43	29	0.32	27	1.45	27	6.49	29	2.67	28
United Kingdom	0.34	23	0.20	19	0.71	21	4.21	18	1.99	15
United States	0.38	27	0.29	25	0.81	23	5.91	27	2.69	29
Average OECD	0.31	..	0.19	..	0.66	..	4.16		2.09	..
Corr. with Gini coeff.	..	..	0.99	..	0.80	..	0.96		0.88	..

자료: OECD, Growing Unequal? Income Distribution and Poverty in OECD Countries, 2008.

사용된 특정한 측정지표의 민감도 문제를 차치하더라도,
소득불평등 정도의 국가별 순위는 두 가지 이유 때문에 잠재적으로 모호하게 해석될 수 있다. 첫 번째 이유는 동일한 국가에 대해서도 서로 상이한 통계적 출처가 기본적인 소득분포에 대해 상이한 그림을 제공할 수 있기 때문이다. 심지어 동일한 가정과 계산방법을 사용하는 경우라 할지라도 이러한 차이 때문에 선험적 주장(priori arguments)에 근거하여 어떤 통계적 출처가 선호되는지를 결정하기가 어려운 것이 현실이다. 〈표 3〉은 OECD 국가의 가계소득의 지니계수를 비교한 것으로 해당 도표는 세 개의 서로 다른 데이터 출처가 이용되었다. 대부분의 경우 그 차이가 비교적 작지만, 몇몇 국가의 경우에는 비록 해당 국가의 순위를 크게 바꿀 정도는 아니지만 그 차이가 큰 것을 알 수 있다.

국가 간 소득불평등도를 비교할 때 주의해야하는 두 번째 이유는 전체 소득분포 중 어떤 부분에서 국가 간의 비교를 수행하는가에 따라 결과가 달라질 수도 있기 때문이다. 이런 상황은 자주 발생하지는 않지만 가능성이 있기 때문에 국제비교 시 주의를 기울일 필요가 있는 것이다. [그림 8]에서 보여준 국제비교의 결과는 이러한 문제에 영향을 받고 있지는 않음을 〈표 2〉~〈표 3〉을 통해서 확인 할 수 있다.

〈표 3〉 통계데이터별 OECD 국가의 지니계수 비교

	Reference years (incomes)			Gini coefficient			Difference in Gini coefficients rel. to OECD questionnaire	
	OECD questi-onnaire	Eurostat	LIS	OECD	Eurostat	LIS	Eurostat	LIS
Australia	2004	2004	2003	0.301	..	0.312	..	−0.01
Austria	2004	2004	2000	0.265	0.260	0.257	0.01	0.01
Belgium	2004	2004	2000	0.271	0.280	0.279	−0.01	−0.01
Canada	2005	..	2000	0.317	..	0.315	..	0.00
CzechRepublic	2004	2004	..	0.268	0.260	..	0.01	..
Denmark	2004	2004	2004	0.232	0.240	0.228	−0.01	0.00
Finland	2004	2004	2004	0.269	0.260	0.252	0.01	0.02
France	2004	2004	2000	0.281	0.280	0.278	0.00	0.00
Germany	2004	2004	2000	0.298	0.260	0.275	0.04	0.02
Greece	2004	2004	2000	0.321	0.330	0.333	−0.01	−0.01
Hungary	2005	2004	1999	0.291	0.280	0.295	0.01	0.00
Iceland	2004	2004	..	0.280	0.250	..	0.03	..
Ireland	2004	2004	2000	0.328	0.320	0.313	0.01	0.02
Italy	2004	2004	2000	0.352	0.330	0.333	0.02	0.02
Japan	2003	..	..	0.321	..	..	..	..
Korea	2005	..	..	0.312	..	..	..	....
Luxembourg	2004	2004	2000	0.258	0.260	0.260	0.00	0.00

	Reference years (incomes)			Gini coefficient			Difference in Gini coefficients rel. to OECD questionnaire	
	OECD questi-onnaire	Eurostat	LIS	OECD	Eurostat	LIS	Eurostat	LIS
Mexico	2004	..	2002	0.474	..	0.471	..	0.00
Netherlands	2004	2004	2000	0.271	0.270	0.231	0.00	0.04
New Zealand	2003	..	..	0.335	..	..	....	
Norway	2004	2004	2000	0.276	0.280	0.251	0.00	0.03
Poland	2004	2004	1999	0.372	0.360	0.313	0.01	0.06
Portugal	2004	2004	..	0.385	0.380	..	..	..
SlovakRepublic	2004	2004	..	0.268	0.260	..	0.01	..
Spain	2004	2004	2000	0.319	0.320	0.336	0.00	−0.02
Sweden	2004	2004	2000	0.234	0.230	0.252	0.00	−0.02
Switzerland	2004	..	2002	0.276	..	0.274	..	0.00
Turkey	2004	2002	..	0.430	0.450	..	−0.02	..
UnitedKingdom	2005	2004	1999	0.335	0.340	0.343	−0.01	−0.01
United States	2005	..	2004	0.381	..	0.372	..	0.01

자료: OECD, Growing Unequal? Income Distribution and Poverty in OECD Countries, 2008.

분위 간 소득수준을 통한 소득불평등도의 실태

소득불평등은 OECD 국가 간의 사회 및 경제적 여건에 대한 비교에 주로 사용되는 요소 중 하나지만, 분위별 소득수준 역시 각 국가의 소득분배에 대한 정보를 제공하는 중요한 지표로 활용되고 있다.

[그림 9]는 다양한 OECD 국가의 평균소득(분포의 서로 다른 분위에 속하는 사람들 간의 평균)과 소득 분포의 각 분위(decile)에 속하는 사람들의 평균소득을 나타낸다. 소비단위당(per consumption unit) 평균 가처분소득은 룩셈부르크가 가장 높은 순위를 차지하여 USD 40,000를 상회하고, 전체 평균은 USD 22,000를 상회하고 있다. 룩셈부르크에 이어 미국(USD 33,000)과 노르웨이(USD 30,000)가 높은 가처분소득을 보이고 있으며, 가장 낮은 국가로는 터키와 멕시코가 USD 7,000 정도의 가처분소득을 나타내고 있다. 소비 단위당 가처분소득의 평균은 1인당 소득을 나타내는 전통적인 척도 중 하나인 NNI 보다 크기가 작지만 서로 높은 상관관계를 지니고 있다.

최상위 십분위의 평균소득과 최하위 십분위의 평균소득의 차이로 측정하는 소득분포의 전체 간격은 국가 간에 상당한 차이를 보이고 있으며, 최상위와 최하위 간의 평균소득 격차는 슬로바키아 공화국과 같이 USD 20,000보다 작은 경우가 있고, 미국과 같이 USD 85,000보다 큰 경우도 있어 국가 간 차이가 상당히 큰 것을 알 수 있다. 동일한 데이터를 사용하여 소득분포의 특정 분위별 평균소득수준을 기준으로 국제 비교한 결과는 [그림 10]에서 보는 바와 같다. [그림 10]의 첫째 그림은 중산층 (middle-class people)의 평균소득을 비교한 것이고, 두 번째 그림은 최저 십분위의 평균소득을, 세 번째 그림은 최고 십분위의 평균소득을 비교한 결과이다.

[그림 9] 2000년대 중반 OECD 국가의 소득수준 분포

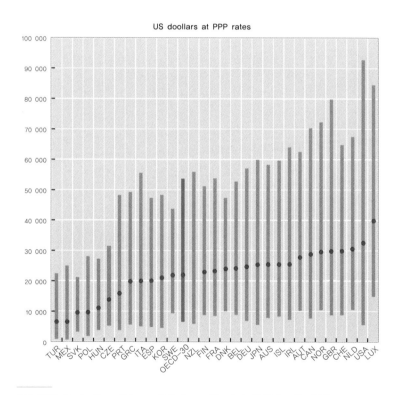

자료: OECD, Growing Unequal? Income Distribution and Poverty in OECD Countries, 2008.

[그림 10]에서 나타난 국제비교의 결과로부터 다음과 같은 몇몇 특징을 발견할 수 있다. 소비단위 당(per consumption unit) 중위소득(Median income)은 평균 USD 20,000보다 다소 작으며, USD 36,000를 나타내는 룩셈부르크부터 USD 5,000를 선회하는 멕시코 및 터키까지 그 격차가 나타나고 있다. 국가 간 중위 소득의 격차는 평균 소득보다 10% 높게 나타나고 있고, 그 결과 국가 간의 순위에서 큰 변화는 아니지만 네덜란드가 2단계 상승하였고 영국의 경우 2단계 하락하였다.

국가 간 격차는 최저 십분위 계층에서 보다 높게 나타나고 있으며, 최저 십분위의 평균소득은 USD 7,000보다 다소 작지만, USD 15,000의 룩셈부르크부터 USD 1,000에 약간 미치지 못하는 멕시코까지 격차가 나고 있다. 최저 십분위에 있는 가계 소득의 국가별 순위는 평균소득에 근거한 순위와 상당히 차이를 보이는데, 평균소득에 근거한 순위와 비교할 때 스웨덴(평균소득 수준은 14위)은 8단계 상승한 반면, 2위를 기록하였던 미국은 11단계가 하락하였다.

최고 십분위 계층의 경우 국가 간 평균 소득은 USD 50,000를 다소 상회하며 미국이 USD 93,000로 현재 해당 계층의 최상위를 차지하고 룩셈부르크가 미국의 뒤를 잇고 있다. 터키는 해당 영역의 최하위로 USD 23,000의 평균소득 수준을 나타내고 있다. 국가 간 차이는 앞에서의 경우와 비교하여 절대적인 수준에서 크지만, 소득분포의 최상위에 있는 사람의 평균 소득을 기준으로 할 때 상대적으로 국가 간 차이가 작음을 알 수 있다. 국

가 간 순위의 변화는 스웨덴의 경우 4단계 하락한 반면, 이탈리
아는 8단계 상승하였다.

[그림 10] 2000년대 중반의 계층별 소득수준

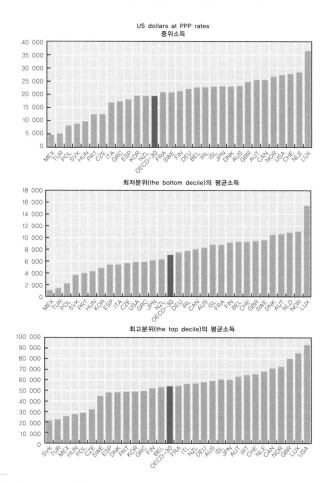

자료: OECD, Growing Unequal? Income Distribution and Poverty in OECD Countries, 2008.

본 절에서 논의한 국가 간 소득불평등도의 비교분석으로부터 도출되는 시사점은 다음과 같이 요약될 수 있다. 첫째, 정확한 규모는 각 국가에 대해 사용되는 통계의 출처에 따라 좌우되며 가계소득의 분포는 국가 간에 상당한 차이를 보이며 이러한 차이는 지속되고 있다. 둘째, 소득불평등은 1980년대 중반 이래로 20년 동안 확대되어왔으며, OECD 국가의 2/3가량에서 나타나고 있는 현상이다. 소득불평등의 확대는 2000년대보다 1900년대에 더 심화된 모습을 보이고 있다. 셋째, 소득분포의 확대는 1980년대 중반부터 1990년대 중반에 이르기까지 시장소득(Market-income)의 불평등이 주요 원인이었으며, 시장소득의 불평등은 1990년대 중반부터 2000년경까지는 확대추세가 진정되었으나 그 이후 다소 확대되었다. 마지막으로 국가 간 소득불평등의 비교결과는 소득분포의 어떤 특정계층(10분위 등)을 기준으로 비교하는가에 따라 그 결과가 달라진다. 국가의 전체 평균소득으로 비교할 때 도출되지 않는 생활수준에 있어서 국가 간의 차이를 살펴보면, 상위분포에서의 차이는 절대금액에서는 그 격차가 크게 나타나고 있으나, 비중으로 볼 때는 작게 나타나는 반면, 국가 간 소득수준의 백분율 차이는 소득분포의 중간계층보다 하위계층에서 더 크게 나타나고 있다. 따라서 소득불평등에 대한 국제비교를 수행할 때는 비교 국가의 전체 소득분포에 대한 평균소득뿐만 아니라 소득분포의 계층별 비교가 병행되어야 더 정확한 결과를 구할 수 있다.

4. 소득분배구조 개선을 위한 정책방향

소득분배구조 개선을 위한 정책수단

소득불평등을 개선하기 위하여 정부는 여러 가지 정책수단을 활용하고 있다. 소득재분배 정책이 이에 해당하며, 재분배정책도 정책의 직·간접적 효과 및 정책의지에 따라 분류된다. 넓은 의미의 소득재분배 정책에는 조세정책, 사회보험, 공공부조 등이 모두 포함된다. 조세정책의 경우 주로 소득세제의 누진도를 이용하여 고소득자가 더 많은 세부담을 지게 함으로써 재분배 기능을 갖고 있다. 우리나라의 경우 누진적인 소득세 체계를 보유하고 있으나 소득세수의 비중이 낮고 소득세를 부담하는 납세자의 비중 또한 낮아 소득세의 재분배 기능이 다른 선진국에 비해 약한 것이 현실이다. 이러한 문제가 있음에도 불구하고 조세정책의 중요한 기능 중의 하나가 재분배 기능임은 분명하다.

사회보험제도에는 국민연금보험, 건강보험, 고용보험, 산재보험 등이 포함되며, 정부가 운영하지만 제도의 성격이 보험이기 때문에 가입자에 국한하여 혜택을 받을 수 있는 한계가 있다. 고소득자가 보험료를 많이 부담하도록 제도를 설계하여 일정부분 재분배 기능을 수행하고 있다.

공공부조의 경우 생활보호와 의료보호를 통한 빈곤 구제사업의 성격으로 국민기초생활보장법에 근거하고 있다. 보험의 가입과 무관하게 빈곤계층을 정책의 목표로 하고 있어 가장 중요한 소득재분배 정책으로 기능하고 있다.

정부의 입장에서는 여러 가지 활용 가능한 재분배 정책의 재분배효과를 분석하여 정책효과가 극대화될 수 있도록 정책을 고안할 필요가 있다. 다음 절에서는 조세 및 재정지출의 재분배 효과에 대하여 논의한다.

소득재분배 정책의 효과

조세정책 및 재정지출정책의 소득재분배 효과를 최근의 자료를 활용하여 체계적으로 분석한 성명재(2011)의 연구결과를 토대로 논의를 전개하고자 한다.

조세부담의 경우 개인이 부담하는 소득세, 소비세, 새산세 및 각종 사회보장기여금을 포함하고, 재정지출 수혜의 경우 현금급여(정부이전소득)와 현물급여 중 사회분야와 교육지출을 대상으로 분석이 수행되었다.

직접세는 소득세와 재산세·사회보장기여금 및 법인세로 구성되지만 법인세 등은 추정·배분이 곤란하여 제외하였다.

간접세(소비세)는 자료에서 부가가치세·특별소비세·주세·교통세·담배소비세·교육세·주행세 등 세목별 과세대상을 선별하여 세부담을 계산하였다. 현물급여는 수혜가구당 또는 수혜인원당 수혜액을 추정하여 배분하고, 이 중 사회지출과 교육지출을 대상으로 기타 일반공공행정, 국방 등은 제외하고 분석하였다.

〈표 4〉는 시장소득에서 최종소득까지 이르는 과정에서 각종 소득 및 각 부담 수혜항목에 대한 소득 분위별 분포 및 10분위 배율을 나타낸다. 시장소득의 10분위 배율이 15.3인 것은 최상위 10%가 최하위 10%에 비해 시장소득이 약 15.3배의 차이를 나타냄을 의미한다. 그리고 총조세부담의 10분위 배율은 24.6으로 시장소득의 15.3보다 훨씬 크게 나타나 우리나라의 소득세, 재산세, 소비세 및 각종 사회보장기여금 등이 전반적으로 누진적인 부담구조임을 알 수 있다.

<표 4> 국민부담·사회지출수혜의 소득계층별 금액 분포(2009년)

(단위: 천원, 배)

	1분위(a)	2분위	3분위	4분위	5분위	6분위	7분위	8분위	9분위	10분위(b)	평균	배율(b/a)
시장소득	5,767	12,586	17,788	23,730	29,643	35,004	41,464	48,894	59,033	88,026	36,191	15.3
민간이전소득	1,453	1,871	2,164	1,680	1,361	1,534	1,799	1,610	2,108	2,126	1,771	1.5
민간소득(I)	7,220	14,457	19,952	25,410	31,004	36,538	43,263	50,504	61,141	90,152	37,962	12.5
직접세I(A)	55	165	253	396	646	839	1,273	1,933	2,770	6,218	1,455	113.1
소득세	14	82	174	285	516	703	1,135	1,749	2,561	5,822	1,304	415.9
재산세	41	83	79	111	130	136	138	184	209	396	151	9.7
사회보장기여금(B)	200	422	642	1,069	1,319	1,675	2,081	2,548	3,073	4,297	1,733	21.5
공적연금기여금	47	151	259	478	621	861	1,094	1,363	1,639	2,284	880	48.6
건강보험료	149	261	364	553	647	756	915	1,099	1,319	1,867	793	12.5
기타사회보험료	4	10	19	38	51	58	72	86	115	146	60	36.5
간접세I(C)	353	765	1,066	1,532	1,871	2,225	2,503	2,772	3,417	4,466	2,097	12.7
부가가치세	255	511	698	983	1,194	1,429	1,616	1,848	2,272	2,995	1,380	11.7
특별소비세	23	45	60	95	109	129	138	157	254	35˙	136	15.3

	1분위(a)	2분위	3분위	4분위	5분위	6분위	7분위	8분위	9분위	10분위(b)	평균	배율(b/a)
교통세	26	105	187	334	420	505	585	612	740	959	447	36.9
주세	10	16	23	25	31	27	30	36	40	40	28	4.0
담배세	39	88	98	95	117	135	134	119	111	121	106	3.1
부담소계(II=A+B+C)	608	1,352	1,961	2,997	3,836	4,739	5,857	7,253	9,260	1,4981	5,285	24.6
세후소득(I-II)	6,612	13,105	17,991	22,413	27,168	31,799	37,406	43,251	51,881	75,171	32,677	11.4
현금급여(D)	1,741	1,533	1,646	1,707	1,748	1,874	1477	1840	1,426	1,548	1,654	0.9
공적연금	971	942	990	1,115	1,106	1,346	970	1,303	994	1,181	1,092	1.2
기타사회보장수혜	770	591	656	592	642	528	507	537	432	367	562	0.5
현물급여(E)	3,083	2,841	3,294	3,869	4,267	4,944	5,009	4,973	5,193	5,517	4,299	1.8
기초생보	790	7	0	0	0	0	0	0	0	0	80	0.0
건강보험	1,883	1,829	1,759	1,771	1,682	1,725	1,687	1,610	1,620	1,750	1,732	0.9
교육	377	926	1,446	1,980	2,469	3,106	3,246	3,345	3,562	3,767	2,422	10.0
보육	28	69	74	94	92	93	71	18	11	0	55	0.0
주택	5	10	15	24	24	20	5	0	0	0	10	0.0
수혜소계(III=D+E)	4,824	4,374	4,940	5,576	6,015	6,818	6,486	6,813	6,619	7,065	5,953	1.5
최종소득(I-II+III)	11,436	17,479	22,931	27,989	33,183	38,617	43,892	50,064	58,500	82,236	38,630	7.2

[그림 11]을 보면 저소득층에서 고소득층으로 갈수록 세부담이 급격하게 증가하는 것을 관찰할 수 있다. 반면 [그림 12]에 나타난 재정지출 수혜의 경우 고소득층으로 갈수록 수혜의 수준이 크게 증가하지 않는 것으로 나다니 소득계층과 관계없이 수혜액의 절대 수준이 비슷한 것을 알 수 있다.

[그림 11] 부담의 소득계층별 분포(2009년)

(단위 : 천원)

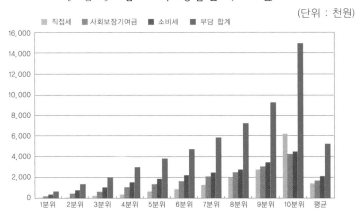

[그림 12] 국민혜택의 소득계층별 분포(2009년)

(단위 : 천원)

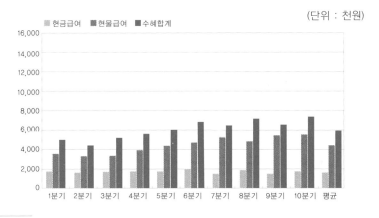

주: 항목별 반올림에 의한 합산 오차로 인해 분위별 수치가 위의 표와 약간의 차이 발생

성명재(2011)에서 산출한 조세정책 및 재정지출정책을 통한 소득재분배 효과(지니계수 변화율)는 [그림 13]에서 보는 바와 같이 14.9%이며 현물급여(6.24%p), 소득세(2.99%p), 공적연금(2.52%p), 기타사회보장수혜(1.80%p)는 정의 소득재분배 효과가 있는 것으로 나타났다. 반면 소비세의 경우 0.19%p로 분석되었을 뿐만 아니라 다른 기간에는 (−)인 경우도 있어 재분배 효과가 미미한 것으로 나타났다.

[그림 13] 소득단계별 지니계수 및 소득재분배 효과(2009년)

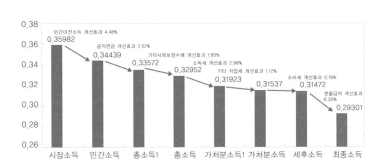

주: 총소득1 = 민간소득 + 공적연금, 가처분소득1 = 총소득 − 소득세, 소득재분배 효과는 민간소득 지니를 분모로 하여 단계별로 측정한 지니계수 변화율로 계산

[그림 14]는 소득재분배 효과의 국제비교 결과를 보여주고 있다. 민간소득에서 가처분소득에 이르기까지 조세정책 및 재정지출정책의 소득재분배 효과는 미국은 15.2%, 캐나다는 26%, 영국은 34.6%에 이르지만, 한국은 8.4%에 불과한 것으로 나타났다. 소득재분배 효과의 구성을 보면 선진국은 주로 재정지출

을 통해 재분배되는 반면, 우리나라는 재정지출뿐만 아니라 조세를 통한 재분배 효과의 상대적 비중도 큰 것으로 확인된다.

[그림 13] 소득재분배 효과(지니계수 변화율)의 국제비교(OECD 기준 환산치)

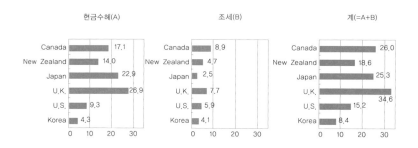

Notes: The redistributive effects are measured by tax/benefit-induced percentage changes in Gini coefficients. The figures are calculated based on data from the U.S. Census Bureau (2007) for 2005 data on the U.S., Jones (2008) for 2006/07 data on the U.K., Ministry of Welfare and Labor (2007) for 2005 data on Japan, Hyslop and Yahanpath (2005) for 2004 data on New Zealand, and Statistics Canada (2007) for 2005 data on Canada. The figures for Korea are from the authors' calculations for 2009.

소득재분배를 위한 정부의 정책 중에서 정부지출을 통한 공적이전정책의 경우 민간의 경제적 취약계층에 대한 지원의 감소를 초래할 수 있다는 주장이 있다. 이와 같은 주장은 Cox and Jimenez(1990), Jenson(2003) 등의 연구결과에 근거하고 있을 뿐만 아니라 우리나라에서도 Kang and Lee(2003), 강성진·전형준(2005), 성명재·박기백(2009) 등에서 이미 연구된 바 있다. 공적이전지출의 확대를 위해 세부담이 증가하더라도 구축효과(crowding-out effect)를 통해 사적이전지출이 감소한다면 총부담은 크지 않을 수 있기 때문에 구축효과를 분석하여 정책을 고안하는 것이 중요하다고 주장되고 있다. 성명재·박기백(2009)에서 구축효과를 검정한 결과를 보면 재정패널자료의 개인을 대상으로 했을 때 공적이전소득과 사적이전소득 사이에 부(-)의 상관관계가 존재하여 구축효과가 있음을 시사하는 결과가 도출되었지만 통계적으로 유의한 결과를 얻지는 못했다. 재정패널자료의 가구를 대상으로 했을 때는 공적이전소득에 대한 계수가 -1.46으로 구축효과가 존재하며, 매우 탄력적인 결과가 도출되었으며 통계적으로도 유의하였다. 가계조사자료를 사용하여 가구를 기준으로 분석을 수행한 결과 구축효과는 존재하나 그 크기가 크지 않다는 결론을 얻었다. 이상의 논의를 종합하면 분석에 사용한 자료의 종류 및 분석단위(개인 또는 가구)에 따라 구축효과의 크기에 차이는 있지만 전체적으로는 구축효과가 존재한다는 결과가 도출되고 있다. 따라서 향후 소득불평등을 개선하기 위한 재정지출정책을 고안·집행할 때는 구축효과에 대한 고려가 필요할 것이다.

맺는 말

우리가 사는 자본주의 사회에 불평등이 존재한다는 것은 부인할 수 없는 사실이다. 사실 불평등이 인류역사를 통해 언제 어느 곳에서든지 존재해 왔고 가장 평등을 지향했던 체제에서조차도 불평등은 존재했다는 것 역시 부인할 수 없다. 그러나 이처럼 불평등이라는 것이 항상 불가피하게 존재한다고 해서 불평등 해소를 위한 노력이 불필요하거나 의미가 없는 것이 아니다. 오히려 그렇기 때문에 더욱더 불평등 해소를 위한 노력은 요구되는 것이다.

그런데 불평등이라는 것은 정치적, 사회적, 경제적 등 여러 형태로 존재한다. 이 책은 그중에서도 경제적 불평등에 관해 논의하고 있다. 그리고 자본주의 사회에 존재하는 불평등의 해소는 주로 복지정책이라는 틀 안에서 이루어지기 때문에 복지정책에 관한 논의가 이 책의 중심과제가 된다.

복지제도와 정책을 본격적으로 논의하기 전에 이 책에서는 정의, 공평 같은 개념들이 시장경제에서 어떤 의미가 있으며 어떻게 사회제도가 운영되고 그 현실적 함의는 어떠한가를 살펴보았다. 여기서 내릴 수 있는 결론이란 정의와 공평 같은 개념에 대한 '객관적이고 과학적인' 합의가 어렵다는 것이다. 이런 것들은 다분히 주관적일 수밖에 없고 따라서 보는 관점에 따라 각각 다를 수밖에 없다. 그렇기 때문에 불평등 해소를 위한 방안 역시 사상적 배경에 따라 달라지는 것이다.

여기서 그 많은 관점을 다 논의할 수는 없다. 현재 우리가 사는 시장경제하에서 불평등은 어떻게 발생하며 어떻게 해결할 수 있는가를 따져볼 수 있을 뿐이다. 우선 시장경제체제는 기회의 균등을 보장하고자 하고 그렇게 되어야 한다. 바꿔 말하자면 기회가 균등하므로 시장에의 참여는 당연히 '자발적'이어야 한다. 그런데 이 책의 앞부분에서 살펴본 바와 같이 시장에서 모든 행위가 '자발적'이지는 않다. 그러면 균등한 기회조차 보장 못 하는 시장경제의 결과를 수용해야 하는가? 따라서 강제적 재분배는 실행되어야 하지 않을까?

시장에서의 자발성과 그 함의에 대해서 여러 다른 생각들이 있지만 필자와 같은 시장주의자 역시 정부에 의한 재분배의 필요성에는 찬성한다. 즉 논자에 따라 그 이유는 다르지만 정책적 결론은 같다는 것이다. 우선, 시장에서의 거래가 항상 자발적이지는 않지만 대부분 자발적이라는 것은 전제되어야 할 것인데, 실제 중요한 것은 그러한 이상적인 조건 자발성이 보장되는하에서 시장이 보장하는 것은 효율성뿐이라는 것이다. 한 마디로 시장경제에서는 생산량이 극대화된다는 것이다. 그런데 그 결과는 '불평등'할 수 있다는 것 또한 시장주의자들은 인정한다. 다시말해 기회가 균등해도즉, 참여가 자발적이라도 그 결과는 불평등 할 수 있다는 것이다. 다만 평등과 불평등의 명확한 구분이 어렵다는 것은 이미 지적한 바와 같다.

어쨌든 결과로서 경제적 불평등이 존재할 때 이를 해소해야 하는 것은 당연하다. 그리고 그를 위한 도구가 광범위한 복지제도들이다. 아울러 불평등을 해소하고자 하는 이상을 현실 복지제도로 구현하고자 하는 구체적 형태가 복지국가로 나타나게 된 것이다. 베버리지 보고서를 요약한 '요람에서 무덤까지'라는 말은 이 모든 이상을 잘 축약한 표현이다.

서유럽에서 시작되고 발전해 온 복지국가는 70년에 가까운 세월 동안 그 사회의 불평등 해소에 많은 공헌을 하였을 뿐 아니라 절대 빈곤 해소에도 큰 역할을 해왔다. 물론 절대 빈곤 해소는 지속적인 성장이 더 큰 역할을 했지만, 복지제도가 최하위 소득 계층의 최저생계비를 보장하였기에 절대 빈곤 해소가 가능했다는 것 역시 잊어서는 안 될 것이다.

그런데 복지국가의 이상은 저성장이라는 벽에 부딪히면서 흔들리기 시작했다. 앞에 소개된 한나라당의 복지비전에 잘 표현되어 있듯이 과거 복지국가의 이상은 지속적인 성장이라는 자본주의의 황금기에 가능했던 모델이라고 보아야 한다. 이러한 현실에 직면한 선진각국은 새로운 시대 환경에 적응하기 위해 앞다투어 체제와 제도를 정비해 왔다. 물론 이러한 변화가 복지국가가 추구하는 이상의 포기를 의미하는 것은 아니다.

이 책에서는 영국과 미국의 개혁만을 대표적 사례로 소개하였지만 독일, 프랑스, 스칸디나비아 국가 모두 예외 없이 과거에 비해 불요불급한 복지 혜택을 축소하고 조세 부담도 줄여왔다.

이른바 복지후발국가인 우리나라의 현실에서도 이와 같은 움직임이 시사하는 것은 많다. 이미 지적한 바와 같이 복지제도는 한 번 도입되면 다시 폐지하기가 매우 어렵다. 미국, 영국에서 볼 수 있듯이 국민의 압도적인 지지와 소명Mandate을 받고 집권한 정치세력들도 정권의 명운을 건 결단으로 추진해야만 하는 일이다. 이는 정권을 잡은 여당은 물론 야당까지 표를 의식하기 때문에 생기는 현상이라 할 수 있다. 기껏 할 수 있는 일은 복지제도의 작은 부분의 비용 효율성 제고 같은 조치들 정도이다물론 이것도 의미 있는 개혁이지만. 더구나 극단적으로 포퓰리즘에 매몰된 경우는 문제가 훨씬 더 심각하다. 아르헨티나가 아직도 과거 선진국이었던 수준에 못 미치는 것은 물론, 지속적인 개혁을 했다가도 다시

후퇴하곤 하는 악순환을 계속하는 것은 결코 간과할 일이 아
니다. 최근 남유럽국가들은 방만한 재정 등 경제실패의 책
임을 물어 일제히 정권교체를 하고 뼈를 깎는 개혁에 국민의
동참이 요구되고 있다. 잘못된 정책의 결과는 이처럼 고스란
히 국민에게 고통으로 돌아가는 것일 뿐 아니라 이를 수정하
는 것이 매우 어렵다.

　　　이런 점들을 고려하여 복지제도는 도입할 때 신중
을 기해야 한다. 우리나라는 이미 국민연금, 건강보험을 비
롯한 사회보험, 기초생활보장제도로 대표되는 공적부조, 그
외 근로장려세제 등 복지제도의 큰 틀은 이미 갖추어져 있
다. 따라서 새로운 제도의 도입보다는 기존의 제도를 내실화
하는 것에 우리 복지정책의 초점이 맞추어져야 한다.

　　　새로운 제도의 도입까지는 아닐지라도 그와 유사
한 문제점을 일으킬 수 있는 것이 각종 '무상' 복지들이다.
일단 무상이 되면 재정적으로 필요한 경우 유상으로 되돌리
는 것은 거의 불가능하다는 점에서는 불가역적인 복지의 속
성을 그대로 지니고 있다.

　　　그런데 '무상'에 무엇이 문제인가? 그저 많은 사람
이 혜택을 볼 수 있다면 좋지 않은가? 문제는 이 '무상'들이
사실 무상이 아니라 세금이라는 것이다. 제기된 사업들을 수
행하기 위해서는 수천억에서 수조에 달하는 천문학적인 액

수가 요구되는데 이를 위해서는 대규모의 증세가 불가피하다. 증세하지 않으려면 다른 부문의 지출을 줄이거나 국채를 발행하는 즉, 빚을지는 수밖에 없는데 현재 우리 재정 여건상 다른 부문에서 절약할 여지는 많지 않다. 또 더 이상 나라빚을 늘리는 것은 위험하다는 것은 이미 대다수 국민이 동의하고 있는 것이 사실이다. 결국 재원마련의 방법은 세금밖에는 없다는 결론이다.

과연 현재보다 더 많은 세금을 부담하는 것이 가능할까? 결코 불가능한 것은 아니지만 쉽지도 않다. 우리나라의 조세부담률은 그다지 높지 않은 편이지만 국민부담률은 향후 자연스럽게 급증하도록 되어 있다. 예를 들어 건강보험의 적자를 메우기 위해서는 건강보험료가 지속적으로 증대될 수밖에 없다.

부자들한테만 세금을 더 걷으면 서민들에게는 부담을 주지 않고 해결할 수 있다는 주장도 있다. 그러나 부자들에게만 세금을 더 걷는 것도 한계가 있으며, 매년 그렇게 큰 규모의 세수를 부유층에서만 확보하는 것은 불가능하다. *물론 부자들이 서민들보다 세금을 더 내야 하는 것은 당연하지만*

"공짜 점심은 없다 *There is no such thing as free lunch*". 이 말은 경제학 교과서 첫머리쯤에 나오는 말이다. 세상만사에서 하나를 성취하자면 반드시 이에 상응하는 대가를 지불해야 한다는 뜻인데 이는 경제학에서 말하는 기회비용이라는 개념과 같다. 그런데 최근 난무하다시피하는 각종 '무상복지' 정책들은 바로 이 간단한 진리에 어긋난다는 점에서 받아들일 수 없다. 물론 '무상'으로 국가가 담당해야 할 부분이 있다는 사실 자체를 부인하는 것은 아니다. 당연히 그런 부분에 대한 확대는 필요하나 무책임한 제도확장은 안 된다는 것이다.

복지를 말로만 하기는 쉽다. 분명히 어려움을 당하고 있는 이웃을 돕고 모두 함께 잘사는 사회를 이루자는 뜻은 고귀한 것이며 그렇게 되도록 노력하는 것은 우리 모두의 책무라 할 것이다. 그러나 이를 실제 복지정책으로 구현하는 것은 쉬운 일이 아니다.

특히 주의해야 할 것은 복지란 올바른 방향을 정립하고 치밀한 계획하에 실행해 나가야 한다는 것이다. 그렇지 않으면 제도의 비효율 때문에 의도와는 정반대의 결과를 가져오기 때문이다. 다시 말해 정작 혜택이 미쳐야 할 곳은 혜택이 돌아가지 않고 엉뚱한 낭비만 가져온다는 것이다. 재원대책은 없고 구호만 있는 '무상'복지정책들이 바로 그런 경우에 해당된다. 표만을 노린 무책임한 주장이 아니라, 비용효과적이어서 꼭 필요한 사람들에게 효과적으로 혜택이 돌아가고 여유가 있는 사람들은 적절한 공헌을 할 수 있는 제도를 정착시켜 가야 할 것이다.

그리고 이제 성장과 분배의 이분법에서 벗어나야 할 때가 되었다. 다시 강조하지만, 최선의 복지는 일자리이다. 비록 경쟁에서 뒤처졌더라도 남에게 의존하지 않을 수 있도록 하는 것이 최선이고 그것은 지속적인 성장에 의해서만 가능하다. 일단 성장에 의해 어느 정도의 기반이 갖추어져야 복지제도가 성숙할 수 있다. 다만 우리의 경제발전 단계에서는 최근 문제 되는 고용 없는 성장이라는 현상을 고려해야 한다. 결국 성장과 분배는 조화의 문제이지 선후의 문제가 아니라할 것이다.

다음으로 우리가 심사숙고해야 할 것은 가장 현실적인 문제 즉, 어떻게 복지재원을 차질없이 마련할 수 있느냐 하는 것이다. 이는 재정건전성과 직결되는 문제인데 세입여건을 감안하지 않고 급격히 복지지출을 늘릴수 없다는 인식에서 출발하는 것이다. 세입증가 이상의 지출증가는 재정적자로 연결되는 것은 다시 말할 필요가 없는 것인데 문제는 그것이 어떤 영향을 미칠까 하는 것이다. 일시적이고 '감내할만한' 수준의 재정적자는 큰 문제가 되지 않을 수 있다. 사실 적자도 날 수 있고 흑자도 날 수 있다. 그런데 그것이 고착화되는 경우에는 사정이 달라진다. 재정적자가 고착화되었다는 것은 여간해서 그 함정에서 벗어나지 못한다는 의미이다. 심한 경우 빚을 내서 이자도 못갚는 사태도 올 수 있다.

　　재정적자가 초래하는 부작용은 이미 잘 알려져 있다. 즉, 단기적 물가상승, 이른바 '구축효과'에 의한 이자율 상승 및 성장잠재력 훼손, 그리고 무엇보다도 차세대에 대한 부담 전가 등이다. 이 마지막 효과에 대해 깊이 생각할 필요가 있다. 부모세대가 잔치로 다 탕진하고 후세대에게는 빚만 남겨주는 꼴이 되어서는 안된다. 물론 이 부분에 대한 반론이 없는 것은 아니다. 만약 완전한 폐쇄경제라면 *비현실적인 가정이지만* 현세대의 정부부채는 국채를 내국인에게 발행해서 충당하게 되니 채권자도 내국인이다. 결국 국내 순부채의 증가는 없다. 다시 말해 정부부채의 증가가 민간채권의 증가로 정확히 상쇄되는 것이다. 그러면 그다음 세대는 어떻게 되는가? 채권자의 자손은 그 채권을 상속받으므로 국내 순부채의 증감은 없다. 그러면 후세대는 부담을 지지 않는다. 정부의 국채이자 지출은 누군가의 이자수입이 되기 때문이다.

　　폐쇄경제의 틀 안에서 국가의 순 부담이라는 측면에서는 이러한 논리가 맞다. 그러면 재정적자와 그에 따른 정부부채의 증가는 아무 문제가 없는가? 그렇지 않다. 우선 개방경제는 국채의 많은 부분을 외국인이 보유하므로 이른바 국부유출의 문제가 있다. 더욱 심각한 것은 후세대에서 국채를 상속받지 못한 계층의 세부담은 그야말로 감당할 수 없을 정도로 늘어날 수밖에 없다순 부담총액은 그대로 임에도. 결국 폐쇄경제하에서도 후세대의 부담이 늘어나는 게 되고 따라서 그 부작용을 줄이려는 노력이 중요해진다.

재정적자의 문제와 아울러 복지지출의 확대시 고려해야 할 것이 바로 장기적인 복지의존성의 문제이다. 복지제도는 어떻게 설계하느냐에 따라 수혜자가 복지혜택에 안주하는 것을 촉진할 수 있다. 이것은 절대적으로 피해야 한다. 물론 이것을 완전히 불식시킬 수는 없겠지만 적어도 이러한 부작용을 최소화시켜야 한다.

결국 복지 역시 다른 모든 제도나 정책과 마찬가지로 조화의 문제라고 할 수 있다. 성장과 분배의 조화, 현세대와 후세대의 부담배분의 조화, 근로의욕과 경쟁의 패자를 포함한 사회적 약자에 대한 배려의 조화 등이 그것이다. 이런 측면에서 우리식 복지국가의 지향점을 다음과 같은 몇마디로 요약할 수 있을 것이다. 맞춤형 복지, 지속가능한 복지, 자립을 도울 수 있는 복지 등이다.

첫째, 평생맞춤형 복지는 한나라당의 복지비전에 제시된 생애 단계별 맞춤형 복지와 바와 같은 개념으로 한 사람이 태어나서 사망할 때까지 필요한 복지를 사회가 담당한다는 것이다. 이는 복지국가가 지향하는 이상이기도 한데, 이를 우리의 현실에 맞게 구현하자는 의지의 표명이라 할 수 있다. 물론 무차별적으로 복지를 늘리자는 것이 아니라 그동안 부족했던, 그래서 꼭 필요한 곳에는 적극적으로 복지를 확대하자는 것이다.

지속 가능한 복지가 되어야 하는 것은 너무나 당연하다. 아무리 좋은 제도라도 여유가 없을 때는 실시할 수 없다. 이미 살펴본 바와 같이 복지지출의 증가에도 어느 정도 한계가 있는 것이 사실이다. 따라서 신중한 확대 전략을 마련해야 한다.

마지막으로 복지는 자립을 위한 기반이 되어야 한다는 것 역시 누차 강조한 바와 같다. 이는 기본적으로 인간의 존엄성에 관한 문제이다. 따라서 향후 복지제도 설계와 복지지출의 확대에 있어 자립이 가능하도록 하는 방안 마련에 많은 노력을 기울여야 한다.

우리나라의 복지지출 수준은 아직 낮다. 따라서 앞으로 점진적인 복지지출 증대는 불가피하고 바람직하다. 그런데 이를 향해 가는 과정에서 환경은 결코 우호적이지 않다. 현 제도에 존재하는 비효율성, 낮아지는 잠재성장률, 고용없는 성장 등의 문제와 저출산·고령화라는 심각한 복지지출 증대요인이 도사리고 있기 때문이다. 이러한 어려운 여건을 극복하고 모든 국민이 행복한 나라의 기반이 되는 바람직한 복지제도 정착에 노력해야 할 것이다.

참고문헌

1부 지속가능한 복지를 꿈꾸며

: 유일호

국회예산정책처,『남유럽 재정위기의 현황, 원인 및 정책시사점』, 국회예산정책처 조사분석
　　회답, 2011.

＿＿＿,『저출산 · 고령화의 영향과 정책과제』, 2009.

권혁주,「영국 복지개혁의 소득재분배효과 : 쎄처 정부시기를 중심으로(1979-1991)」,『한국
　　행정학보』제32권 제1호, 1998.

기획재정부,『2011~2015 국가재정운용계획 작성을 위한 장기재정전망분야 공개토론회 자
　　료』, 2011. 6. 22.

김양희 외,『주요국의 저출산 · 고령화 대비 성장전략 연구와 정책 시사점』, 대외경제정책연
　　구원, 2010.

김영순,『복지국가의 위기와 재편』, 서울대학교 출판부, 1996.

김정아,「사회복지재정 : TANF에 내재한 이데올로기 중심으로」,『사회복지』통권 제176호,
　　2008.

마이클 샌델,『정의란 무엇인가』, 김영사, 2010.

박대식,「미국의 복지개혁」,『세계농업』제93호, 2008.

송하율,「아르헨티나 民政期의 勞動紛糾와 波及影向, 世界經濟動向」,『세계경제동향』5, 12,
　　1987.

안종범,「고용과 복지를 연계하는 최적정책조합」,『고용복지정책 세미나 발표자료』, 2011. 11.

＿＿＿,『저출산 · 고령화 시대의 재정정책 과제』, 국제무역경영연구원, 1997.

안종범 외,『재정포퓰리즘과 재정개혁』, 도서출판 금붕어, 2008.

유일호,『경제이야기 정치이야기』, 열린아트, 2010.

이상은,「미국의 복지개혁 : 소극적 현금지원정책으로부터 적극적 자립지원정책으로」,『사회보장연구』제19권 제1호, 2003.

_____,「영국 대처정권하 사회정책의 변화와 그 평가, 동향과 전망」,『동향과전망』제20호, 1993.

이진숙 · 박애선,「자유주의 복지국가의 근로연계복지제도에 대한 비교연구」,『정책연구』통권165호, 2010.

전국경제인연합회,『기업 · 기업재단 사회공헌백서』, 전국경제인연합회, 2009.

최순화,『페론의 勞動政策 硏究 : 1943-1955年을 中心으로』, 석사학위논문, 성균관대학교, 1991.

하상섭,『페론이즘의 변천과 아르헨티나 경제모델의 평가 및 전망』, 대외경제연구원, 2007.

현외성 외,『복지국가의 위기와 신보수주의적 재편』, 대학출판사, 1992.

Allen, J. C. and Weaver, F. S., "The Fiscal Crisis of the Argentine State," *Latin American Perspectives*, Vol. 6, No.3, 1979.

Chul-In Lee&Gary Solon, "Trends in Intergenerational Income Mobility," *The Review of Economics and Statistics*, 2009. 11.

Pestieau, Pierre, *The Welfare States in the European Union*, Oxford Univ. Press, 2006.

Reme, G., *The Impact of Inflation on Society : A Case Study of Argentina*, Diss. Wien., 2010.

Rudiger Dornbusch and Sebastian Edwards, *The Macroeconomics of Populism in Latin America*, The University of Chicago Press, 1991.

Sandmo, A., "Introduction: The Welfare Economics of the Welfare State," *The Scandinavian Journal of Economics*, Vol.97, No. 4, Dec., 1995.

『경향신문』

『조선일보』

『한국경제』

Cambridge Dictionaries Online, "political ideas and activities that are intended to represent ordinary people's needs and wishes," 검색일 2011. 10. 11.

2부 복지에 관한 세 개의 논문

: 안종범, 노후소득보장제도의 현황과 개선방안

국민연금공단, 『2009 국민연금통계연보』 제22호. 2010.6.

국민연금재정추계위원회 · 국민연금운영개선위원회, 『2008 국민연금 재정계산 – 국민연금 장기재정추계 및 운영개선방향』, 2008.11.

국민연금개혁위원회 · 국민연금 · 기초노령연금 통합 및 재구조화 소위원회, 『국민연금과 기초노령연금 통합 및 재구조화 방안』, 소위원회보고서, 2008. 12.(미공개보고서)

김수완 · 김순옥, 「우리나라 다층보장체계의 구축 전망: 사적연금의 수급자수 전망을 중심으로」, 『사회보장연구』 제23권 제2호, 2007.

김원섭 외, 「다층노후보장체계에 관한 국제적 논의와 개혁사례」, 『2009 한국사회보장학회 춘계학술대회 자료집』, 한국사회보장학회, 2007, pp97-127.

노동부, 『퇴직급여보장법 전부개정법률안』, 노동부 website, 2009.

_____, 『비정규직 통계현황(내부자료)』, 2009.

석재은, 「고령사회 대비 노후소득보장정책의 쟁점과 발전방향」, 『한국사회복지정책학회 추계학술대회자료집』, 한국사회복지정책학회, 2005, pp37-70.

안종범, 「한국형 복지모형과 복지재정」, 『응용경제』 제13권 제2호, 2011.

안종범, 이용하, 『노후소득보장제도의 발전방향과 연금재정의 안정화』, 한국조세연구원, 2010.

안종범, 정지운, 「조기은퇴의 원인으로서의 사회보장 관대성과 고령화」, 『경제학연구』 제56집 제1호, 2008.

조영훈, 「사회변동과 복지국가의 변화」, 『2003년도 추계학술발표회 자료집 '고령사회의 복지정책방향'』, 한국사회보장학회, 2003.

문진영, 「후기산업사회의 사회적 변화와 한국형 복지체제의 모색」, 『일촌공동체 강연자료』, http://cafe.naver.com/ArticlePrint.n hn , 2008.

이용하, 「후기산업사회 · 인구고령화 시대의 노후보장정책」, 『한국사회복지정책학회 춘계학술대회 자료집』, 2010.

_____, 『기초연금제도 도입의 가능성과 한계』, 국민연금연구원 연구보고서, 2006.

통계청, 『2010년 한국의 사회지표』, 보도자료, 2011.

_____, 『경제활동인구조사 부가조사』, 2009.

한국보건사회연구원, 『100세 대응을 위한 미래전략 - 인구 및 사회보험 재정의 전망과 과제』, 세미나 자료, 2011. 2. 23.

Casey et al, "Policies for an Ageing Society; recent measures and areas for further reform," *OECD Economic Department Working Paper No.369*, Paris, 2004.

OECD, *Pensions at a Glance 2007*, Retirement-Income System in OECD Countries, Paris, 2007.

_____, *Pensions at a Glance 2009*, Retirement-Income System in OECD Countries, Paris, 2009.

_____, *Pensions at a glance 2011*, Retirement Income System in OECD and G20 Countries, Paris(발간준비중), 2011.

Scruggs, Lyle, "Welfare State Generosity Across Space and Time," in: Clasen, Jochen and Nico. A. Siegel(ed.), Investigating *Welfare State Change: The Dependent Variable Problem in Comparative Analysis*, 2007.

: 박기백, 복지 전망과 시사점

국회예산정책처, 『대한민국 재정 2009』, 2010.

기획재정부, 『2009 나라살림』, 2009. 2.

김우철 외, 『장기 복지재정 추계모형 및 전망』, 한국조세연구원, 2007.

박인화, 『복지재정 운용실태와 정책과제』, 국회 예산정책처 예산현안분석 제35호, 2010.9.

박형수 · 류덕현, 『한국의 장기재정모형』, 한국조세연구원 연구보고서, 2006. 12.

박형수외, 『재정위험 측정 및 관리에 관한 연구』, 한국조세연구원, 2007.

박형수 · 송호신, 『장기재정전망』, 한국조세연구원, 2010.

보건복지가족부, 『2011 보건복지부 소관 예산개요』, 각연도.

성명재, 박형수, 전병목, 박기백, 김현아, 『우리나라 중장기 건전재정 운영을 위한 연구』, 한국조세연구원, 2003. 8.

전병목 · 이은경, 『사회보험 재정전망과 정책과제』, 한국조세연구원, 2010. 12.

한국조세연구원, 「복지재정 전망과 대응방안」, 『조세재정 Brief』, 2010.

KDI, 「미래비전 2040: 미래 사회경제구조 변화와 국가발전전략」, 2010. 6. 11.

Barro, Robert J., "On the Determination of the Public Debt," *Journal of Political Economy*, Vol. 87, No. 5, pt. 1, 1979, pp. 940~971

Blanchard, Oliver, Jean-Claude Chouraqui, Robert P. Hagemann and Nicola Sartor, "The Sustainability of Fiscal Policy : New Answers to An Old Question," *OECD Economic Studies, No.15, Autumn 1990.*

Brixi and Schick, *Government at Risk,* The World Bank, 2002.

Buiter, W., "Notes on A Code For Fiscal Stability," *NBER Working Paper 6522,* 1998. 4.

IMF Fiscal Affairs Department, From Stimulus to Consolidation: *Revenue and Expenditure Policies in Advanced and Emerging Economies,* 2010. 4.

Polackova, Hana, "Contingent Government Liabilities: A Hidden Risk for Fiscal Stability," *Policy Research Working Paper,* The World Bank, 1998.

UN, "The SNA 1993",1993. (http://unstats.un.org/unsd/sna1993/toc top .asp)

강성진 · 전형준, 「사전이전소득의 동기와 공적이전소득의 구축효과에 관한 연구」, 『공공경제』 제10권 제1호, 2005.

성명재, 『우리나라 소득분배 구조 변천 및 관련 조세 · 재정정책 효과분석』, 발표자료, 2011. 5.

_____, 「조세 · 재정지출 분포의 현황과 국제비교」, 『재정포럼』 2011년 9월호.

성명재·박기백, 「공적이전소득이 사적이전소득 및 소비구조에 미치는 영향」, 한국조세연구원, 2009.

안종범, 「한국경제 발전모형 정립을 위한 쿠즈네츠 가설의 재검토」, 『경제학연구』 제51집 제3호, 2003.

원종학 · 성명재, 『소득분배 확대의 원인과 정책대응 방향』, 한국조세연구원, 2007.

유항근, 「경제성장과 극빈계층의 소득변화분석: 세계 70개국 횡단면 자료분석」, 『국제경제연구』 제6권 제3호, 한국경제학회, 2000.

Cox, Donald and Jimenez, E, "Achieving Social Objectives through Private Transfers: a Review," World Bank Research Observer 5, 1990.

Jensen, T. Robert, "Do private Transfers 'Displace' the Benefits of Public Transfers? Evidence from South Africa," *Journal of Public Economics*, 88, 2003.

Kang, Sung Jin and Myoung-jae Lee, "Analysis of Private Transfers with Panel Fixed-Effect Censored Model Estimator," *Economics Letters*, 80, 2003.

OECD, *Growing Unequal? Income Distribution and Poverty in OECD Countries*, 2008.